KB004799

변신력,
살아남을 기업들의 비밀

변신력, 살아남을 기업들의 비밀

2012년 5월 31일 초판 1쇄 발행
2014년 9월 25일 초판 3쇄 발행

지 은 이 | 김종년 외
펴 낸 곳 | 삼성경제연구소
펴 낸 이 | 정기영
출판등록 | 제302-1991-000066호
등록일자 | 1991년 10월 12일
주　　소 | 서울특별시 서초구 서초대로74길 4(서초동) 삼성생명서초타워 30층
전　　화 | 02-3780-8153(기획), 02-3780-8084(마케팅)
팩　　스 | 02-3780-8152
이 메 일 | seribook@samsung.com

ⓒ 김종년 외 2012
ISBN | 978-89-7633-445-9　04320
ISBN | 978-89-7633-211-0　(세트)

삼성경제연구소 도서정보는 이렇게도 보실 수 있습니다.
홈페이지(http://www.seri.org) → SERI 북 → SERI 연구에세이

변신력,
살아남을 기업들의 비밀

SERI
연구에세이

108

| 김종년 외 지음 |

삼성경제연구소

변신은 기업의 숙명

이 책이 나오기까지 10년이라는 시간이 필요했다. SERI에서는 2002년 "한국기업경쟁력의 실상"이라는 보고서를 시작으로 기업경쟁력에 관한 연구를 진행했다. 연구진은 매출액 10조 원, 영업이익률 10%를 달성한 '10-10 클럽' 기업부터 중견기업, 벤처기업까지 성장단계별로 기업군을 설정하여 '기업이 차별적인 경쟁력으로 성공하기 위해서는 어떤 요소가 필요할까?'라는 질문에 답하기 위한 연구를 거듭하고 있다. 그 과정에서 한국의 대표기업들이 글로벌 시장에서 두각을 나타내기 시작했는데, 이는 연구자 입장에서도 참으로 신나는 일이 아닐 수 없었다.

'어떤 기업이 차별적인 수익을 내는가?'라는 질문은 오랜 기간 경영학계의 화두였다. 소위 잘나가는 산업에 들어가는 것이 중요하다는 '산업효과이론'과 기업 스스로의 역량이 중요하다는 '자원기반이론'이 대립해오다가 21세기 들어서는 후자가 지배적인 위치를 점하게 되었다. 기업경쟁력의 시대가 열린 것이다.

　연구진이 기업경쟁력 연구에 몰두하고 있을 때, 새로운 질문이 던져졌다. 바로 '기업이 영속하기 위해서는 무엇이 필요할까?'라는 것이다. 사실 기업은 계속기업on-going entity이라는 사회적 책무를 가지고 있다. 생명체는 번식을 통해 종을 유지하는데, 기업은 어떻게 살아남아 생명을 지속해나갈 것인가?

　학계에서는 이런 문제에 대해 '동적 역량Dynamic Capabilities'이라는 용어로 설명한다. 급격한 환경변화에 대처하여 기업이 갖고 있는 자원을 새롭게 배치하고 활용함으로써 적응해가는 능력을 말하는데, 간단히 말하자면 경쟁력에 시간 개념을 집어넣은 것이다. '시간'은 생태계의 진화를 설명할 때 중요한 개념인데, 이를 원용하여 기업생태계에서 환경과 적응에 관한 연구가 활발하게 전개되고 있다. 진화론의 핵심인

"강한 자가 살아남는 게 아니라 살아남은 자가 강한 것이다"라는 말처럼, 내부역량이 강한 기업이 생존까지 보장받는 것이 아니라 환경변화에 적응을 잘하여 살아남는 기업이 위대한 장수기업이 되는 것이다.

저자들은 경쟁력 연구의 초점을 여기에 두고 'Dynamic Capabilities'를 '변신력'이라는 말로 의역하여 기존의 정태적 경쟁력 모형에 동태적 변신 모형을 결합한 기업성장 모형을 만들었다. 이를 'SERI 기업변신 모형'이라 이름 붙이고 글로벌 기업에 직접 적용해보고자 《포브스》가 선정한 세계 2,000대 기업을 대상으로 자산매각률, 투자율, M&A 성사율 상위기업을 골라내고 이들 중 변신기업을 선정했다. 그리고 이를 다시 4개의 유형으로 나눈 후 각 유형별로 성공요인을 도출했다.

이 책에서는 딱딱한 보고서 형식을 탈피하고 구체적인 기업 사례를 좀 더 심층적으로 분석하여 연구의 핵심 메시지를 전달하려고 했다. '기업이 영속하려면 어떻게 해야 할까?'라는 질문에 대해 각 기업이 갖고 있는 고유의 스토리와 역사를 꼼꼼히 들여다보며 답을 찾고자 하는 시도이다. 그렇게 함으로써 '변신'이라는 추상적인 단어가 어떻게 각 기업의 역사에 스며들어 기업의 운명을 바꾸고 위기 탈출의 단초를 마련했는지 독자들이 실감하게 되기를 바란다.

이 책에 서술된 기업 중에 성공 사례만 있는 것은 아니다. 한때 독점적 지위를 차지하며 영원히 계속될 것만 같던 성공을 누렸으나 불행히도 환경변화를 알아차리지 못하여, 혹은 변신의 시기를 놓쳐 현재 어려움에 처한 기업도 있다. 이런 기업 이야기는 독자들에게 반면교사의 교훈을 전할 것이다. 또 SERI 기업변신 모형을 통해 우리 기업의 상황을 진단하고 변신전략을 수립해보는 것도 이 책을 유용하게 활용하는 방법이라 생각한다.

위대한 영속기업이 되려면 어떻게 해야 할까? 여러 가지 방법이 있겠지만 단 하나의 비결만 말하라면 바로 '미리미리 변신하라'는 것이다. 정상에 섰을 때 내리막길을 생각하고 지금 누리고 있는 것을 내려놓아야 한다는 금언이 비단 사람에게만 적용되지는 않는다. 기업 역시 1등 자리에 있을 때

무엇을 버려야 할지를 고민해야 한다. 1등이라는 위치에 자만하여 몰락한 기업이 얼마나 많은가. 그 사실을 잘 알면서도 사람은 물론 기업도 '조금만 더' 하다가 자기도 모르게 몰락의 늪으로 빠져들곤 한다.

변신은 결코 쉽지 않다. 적절한 타이밍을 결단하는 것도 어렵고, 기존 사업부의 심각한 저항에 부딪힐 수도 있다. 한 번의 실행으로 전격적으로 이룰 수 있는 것도 아니다. 오랜 시간 끈질기게 변신에 적합한 체질을 만들고 변화가 일상화된 시스템을 구축해야 한다. 그러나 "변신을 시도하면 생존할 확률이 60~70%지만, 변신하지 않으면 반드시 죽는다(찰스 홀리데이, 듀폰 전 CEO)"라는 말처럼 변신하지 않는 기업은 생존 자체가 불가능한 현실이기에 기업에게 변신이란 숙명과도 같다.

현대 기업의 역사는 20세기 초 프레더릭 테일러Frederick Winslow Taylor의 컨베이어 시스템이 나온 이후 100여 년에 불과하다. 포춘 100대 기업 중 절반 정도가 100년 이상의 역사를 자랑하는 장수기업인데, 대부분 미국이나 영국 등 서구의 기업들이다. 이제 세계의 눈은 서구를 벗어나 새롭게 부상하는 기업들을 향해 있다. 그 중심에 한국의 글로벌 기업들이 있다. 바로 지금 어떤 변신전략을 세워 실행하느냐에 따라 우리의 미래가 좌우될 것이다.

빡빡한 연구일정에도 불구하고 틈틈이 원고 집필에 힘써준 동료 저자들과 보람을 나누고 싶다. 무엇보다 이 책의 기획부터 출간까지 열과 성을 다해준 출판팀에게 감사의 인사를 전한다.

2012년 5월
저자들을 대표하여
김종년

지금 왜
변신을 말하는가

01

기로에 선
21세기 한국기업

신화에서 현실로 확산하는 '변신 신드롬'

'변신變身' 하면 무엇이 생각날까? 인류 역사 이전의 신화시
대에는 신들이 둔갑술을 펼치며 인간의 영혼을 자유롭
게 넘나들곤 했다. 그리스 로마 신화가 대표적인데, 급기
야 2,000년 전에는 로마 작가 오비디우스가 《변신 이야기
Metamorphoses》로 그간의 변신 신화들을 종결시켰다. 우리나라
는 변신보다는 '둔갑'이라는 말이 더 친숙하다. 2009년 개봉
한 영화 〈전우치〉에서는 부적 한 장으로 무엇으로든 둔갑해
버리는 도사 전우치의 유쾌한 활약상이 잘 그려졌다.

왜 인간은 신들의 변신을 통해 대리만족을 할까? 그것은
한없이 나약한 인간 조건을 자유로운 상상의 반전으로 잊어

보려는 끊임없는 시도일 수 있다. 한편으로는 늘 변하는 세상에서 고단한 적응과정을 일거에 해소하려는 발로일 수도 있다. 이러한 인간의 오랜 희구는 블록버스터 영화 〈트랜스포머〉에서도 나타났다. 2011년 개봉한 〈트랜스포머 3〉는 세 번째 속편임에도 불구하고 관객 수 1위를 차지하며 변신에 대한 지지를 확인시켰다. 스토리가 엉성해도 변신이 눈앞에서 벌어진다는 사실에 관객들은 열광했다.

이렇듯 신화나 영화에서 구현되던 변신이 이제는 기업에서도 일상이 되고 있다. 유한하고 나약한 인간의 몸은 쉽게 변신할 수 없지만 기업은 가능하다. 기업이 인간의 계획대로 다양한 변신을 꾀한다는 것이 말처럼 쉽지는 않을 것이나, 제때 사업변신에 성공한 기업들이 장수기업으로 우뚝 서 있는 현실이 이를 방증해주고 있다.

그런데 왜 지금 변신이 주목받고 있는가. '기업변신Business Transformation'이란 기업이 환경변화에 대응하여 사업구조를 급격히 바꾸는 것을 의미한다. 생필품과 같이 본업의 라이프사이클이 긴 일부 업종을 제외하면, 장수기업일수록 고유의 핵심가치를 계승하면서도 환경변화에 끊임없이 적응하며 변신을 거듭해야 한다.

게다가 21세기 들어 세상이 크게 바뀌었다. 경제와 산업질서가 급속히 재편되면서 '기업변신'이 글로벌 기업의 화두로 등장한 것이다. 경제 파워가 신흥국으로 이동하는 한편,

기존 산업이 환경 · 생명 · 스마트 등을 키워드로 신규사업과 융합하여 미래형 산업으로 대두하고 있으며 인터넷으로 촉발된 디지털 혁명이 이를 가속화시키고 있다. 이에 따라 내로라하는 글로벌 기업들이 사업변신을 적극적으로 추진하면서 '변신 신드롬'이 확산되고 있다. 융 · 복합을 통해 신新성장 산업을 선점하는 것이 글로벌 기업의 최대 경영 이슈로 등장한 것이다.

몰라보게 변신한 한국기업의 현재

시선을 한국으로 돌려보자. 한국기업은 21세기 10년 동안 그야말로 거침없이 달려왔다. 20세기 말에 외환위기라는 핵폭탄을 맞고 빈사상태에서 회생한 것만 해도 기적인데, 그후 국내외 IT버블 붕괴, 신용카드 대란, 글로벌 금융위기 등 계속된 위기를 겪으면서 오히려 글로벌 무대의 주역으로까지 도약하게 되었다. 문득 정신을 차리고 보니 10년 동안 한국기업의 위상이 몰라보게 달라진 것이다.

삼성전자, 현대자동차, 포스코, 현대중공업, LG화학 등 한국의 주력업종 대표기업들은 2000년만 해도 〈그림 1〉처럼 글로벌 기업과 비교하기 민망할 정도의 규모였다. 그러던 것이 2010년 그림을 보면 규모도 커진 데다 수익성도 떨어지지 않은 것을 확인할 수 있다. 그렇다면 이런 현상이 일부 대표기업에만 국한된 것인가. 어느 정도는 그렇게 해석

할 수 있지만 폄하할 필요는 없다. 예를 들어 부품·소재 산업만 하더라도 불과 몇 년 전까지는 한국의 아킬레스건으로 지목받던 취약 분야였다. 그런데 요즘은 글로벌 완제품 업체들이 한국의 중소 부품업체들에 러브콜을 보내고 있으며, 심지어 콧대 높은 일본기업조차 부품 공급원을 찾아 한국을 드나들고 있다. 한국기업이 얼마나 성장했는지 알아차리는 데 그리 오랜 시간이 필요하지는 않은 것이다.

그러나 이제 한국기업 띄우기는 그만해야 할 것 같다. 10년 동안 엄청나게 달라졌음에도 불구하고 한국기업은 지금 기로에 서 있다. 한국기업의 현재 위상은 유한하고 불안정해서 자칫하면 게임의 장이 저 멀리 가버리고 경쟁 대열에서 이탈할 수도 있다. 〈표 1〉이 그것을 말해주고 있다. 기업의

∷ 그림 1∷ 한국 대표기업들의 글로벌 위상 변화

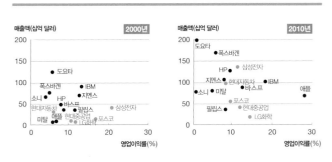

자료 : 한국기업은 NICE신용평가정보, KISVALUE DB; 글로벌 기업은 Thomson Reuters, T1 DB. [김종년 (2011), "21세기 한국기업 10년 : 2000년 vs. 2010년". 〈SERI 경영노트〉에서 재인용].

:표 1: 한국기업과 글로벌 기업 비교 (2000년 → 2010년)

(단위 : %)

구분	한국기업	글로벌 기업
연평균 매출성장률	8.2	7.6
매출총이익률	19.6 → 16.0	28.3 → 28.1
영업이익률	8.4 → 7.2	10.0 → 11.0
순이익률	3.4 → 8.1	5.5 → 6.4

주 : 10년간 비교 가능한 기업으로 한국기업은 KOSPI 200 제조사 중 114개사, 글로벌 기업은 《포브스》 2,000대 기업 중 금융 · 자원 기업을 제외한 1,022개사 대상.
자료 : 한국기업은 NICE신용평가정보, KISVALUE DB.; 글로벌 기업은 Thomson Reuters, T1 DB.

실적은 보통 성장(매출)과 이익으로 정리할 수 있다. 10년 (2000~2010년)간 한국 200대 기업의 연평균 매출성장률은 8.2%로 글로벌 2,000대 기업의 7.6%에 비해 높은 수준을 기록했다. 기업의 최종 이익률인 순이익률(순이익/매출액)도 한국기업은 3.4%에서 8.1%로 크게 올라간 반면, 글로벌 기업은 5.5%에서 6.4%로 약간 상승하는 데 그쳐 수익성 면에서도 좋은 성적을 거두었다. 나무랄 데 없는 성적표이다.

그러나 이익의 질을 잘 살펴봐야 한다. 본업에서의 수익성을 나타내는 영업이익률(영업이익/매출액)은 한국기업이 8.4%에서 7.2%로 하락한 반면, 글로벌 기업은 10.0%에서 11.0%로 올라 그 격차가 더 벌어졌다. 기업의 원가경쟁력 수준을 나타내는 매출총이익률(매출총이익/매출액)도 한국기업은 19.6%에서 16.0%로 급감한 반면, 글로벌 기업은

28.3%에서 28.1%로 소폭 하락해 높은 수준을 유지함으로써 그 격차 또한 크게 확대되었다. 일정 수준의 매출총이익률이 확보되지 않는다는 것은 아무리 제품을 잘 만들어 팔아도 남는 게 별로 없다는 뜻이다. 이래서야 기존 사업에서 수익을 내기는커녕 기술 개발 등 미래를 위한 투자도 어려워진다.

사업변신이 요구되는 한국기업

한국기업의 전반적인 성장동력이 약화된 가운데 한국의 내수 및 서비스기업의 실정은 더욱 어두운 상황이다. 한국 2,000대 기업(금융 제외)의 매출액은 2000년 815조 원에서 2010년 1,711조 원으로 2.1배 성장했으나 이는 제조업이 잘한 결과이다. 서비스기업이 극도로 부진한 탓에 제조업 대 서비스업 비중이 2000년 49.3 : 50.7에서 2010년 61.4 : 38.6으로 역전되었다.

고용 측면을 보더라도 2,000대 기업의 종업원 수는 2000년 156만 명에서 2010년 161만 명으로 2.8% 증가했다. 그러나 여기서도 제조업이 91만 명에서 102만 명으로 12.3% 증가한 반면, 서비스업은 65만 명에서 59만 명으로 오히려 10.5% 줄었다. 1인당 매출액을 보면 2000년 5억 2,000만 원에서 2010년 10억 6,000만 원으로 2배가 되었다. 하지만 이것도 제조업이 4억 4,000만 원에서 10억 3,000만 원으로 2.3배가 된 반면, 서비스업은 6억 3,000만 원에서 10억 6,000만 원으로 1.7배에 그쳤다. 지난 10년은 한마디로 제조업의 시대, 다시 말해 서비스나 내수기업이 후퇴를 거듭한 기간이었다.

서비스 및 내수기업의 부진은 바로 경제성장률에 반영되고 있다. 2011년 3/4분기에 내수 척도인 민간소비 성장률은 전

:표 2: 한국의 2,000대 기업 변화 분석

구분	2000년	2010년	비고
매출액	815조 원	1,711조 원	2.1배
제조 서비스	401조 원(49.2%) 414조 원(50.8%)	1,050조 원(61.4%) 661조 원(38.6%)	2.6배 1.6배
주요 업종 (매출 비중)	도소매 24.5% 석유화학 12.0% 전기전자 11.0% 자동차 7.1% 건설 6.7%	석유화학 16.1% 전기전자 15.6% 도소매 13.2% 자동차 8.4% 금속 7.6%	석유화학에 제약 포함
종업원 수	156만 명	161만 명	2.8% 증가
제조 서비스	91만 명 65만 명	102만 명 59만 명	12.3% 증가 10.5% 감소
순이익률	현대종합상사 41조 원 삼성물산 41조 원 삼성전자 34조 원 LG상사 20조 원 한전 18조 원	삼성전자 112조 원 SK이노베이션 43조 원 한전 39조 원 현대자동차 37조 원 GS칼텍스 33조 원	-

자료 : 기업 자료는 NICE신용평가정보의 KISVALUE DB를 이용하여 삼성경제연구소가 분석. [김종년 (2011). "21세기 한국기업 10년 : 2000년 vs. 2010년". 〈SERI 경영노트〉에서 재인용].

기 대비 0.4%에 그치며 2010년 4분기(0.3%) 이후 최저치를 기록했다. 또한 설비투자도 전기 대비 0.8% 감소하며 1분기 만에 다시 감소세로 돌아섰다.

지난 10년간 한국기업은 치열한 경쟁을 거쳐 글로벌 무대에 당당히 섰으나, 향후 성장을 주도할 새로운 성장 에너지가 절실한 시점이다. 제조기업은 기존 사업의 성장 에너지가 소진되어가고, 서비스 및 내수기업은 현 사업모델 자체

∶표 3∶ 주요 그룹별 미래 신사업

그룹	키워드	주요 내용
삼성	하드에서 소프트로	• 태양전지, 자동차용 전지, LED, 바이오제약, 의료기기 • 2020년까지 23조 원, 그 후 그린에너지에 7조 6,000억 원 투자 • 삼성전자, 2020년 4,000억 달러 매출로 '압도적 1위'
현대차	그린카 · 자원	• 그린카 4조 원 투입, 친환경 첨단기술 강화 • 현대제철 중심으로 자원개발 주력
LG	계열사별 역할 분담	• 계열사별로 장점을 살려 역할 분담 • 2020년까지 태양전지, LED 등 녹색경영에 20조 원 투자
SK	3E + ICT	• 에너지 · 환경 · 혁신의 3E(Energy, Environment, Enabler) • 2020년까지 17조 5,000억 원 투자
롯데	M&A를 통한 영토 확장	• M&A를 통한 사업 확장 • 2018년까지 매출 200조 원으로 '아시아 톱 10'
포스코	탈철강 변신	• 철강기업에서 글로벌 종합소재기업으로 변신 • 2018년까지 녹색성장 부문에 7조 원 투자
GS	녹색화	• 모든 계열사가 녹색경영을 핵심 경영목표로 설정

자료 : 각사 IR 자료 및 언론 보도 종합.

가 이미 문제가 된 상태이다.

이런 상황에서 KOSPI(종합주가지수) 200 기업 가운데 제조기업 140개사 중 10년간 23개사가 신규로 진입했고, 31개사의 주력(1위) 사업이 교체되었다. 총 38.6%, 3분의 1 이상의 기업이 이미 변신을 경험하고 있는 셈이다. 변신이 중요하다고 이야기하기 전에 기업들이 먼저 움직이고 있음을 알 수 있다. 최근 한국기업들은 신사업 분야를 확정하고 강력한 드라이브를 걸고 있다. 하지만 사활을 걸고 달려들고 있는 신사업 분야는 이미 '블루오션'이라기보다 글로벌 기업들이 한결같이 달려드는 '레드오션'적 현상마저 보이고 있다. 이런 상황에서는 사업 패러다임 전환기에서의 성공적인 사업변신이 절박한 과제가 될 것이다. '변신'의 성공 여부가 한국기업과 경제의 존망을 결정한다고 봐도 과언이 아니다.

02

기업변신의
4가지 유형

기업경쟁력 vs. 변신력

기업변신을 얘기하려면 기업경쟁력을 먼저 생각할 필요가
있다. 기업경쟁력 이론은 1970년대 후반부터 활발하게 논
의되기 시작했는데, 먼저 득세한 이론은 기업 외부요인에
초점을 맞춘 것으로서 산업구조 및 산업 내에서의 포지셔닝
이 강조되었다. 대표적 이론인 마이클 포터Michael Poter의 '산
업구조분석 모형5-forces model'에 따르면, 기업의 성과가 산업
의 구조와 그 구조 내에서 기업이 어떻게 위치하는가에 따
라 좌우된다고 한다. 소위 잘나가는 사업으로 말을 갈아타
는 게 가장 중요하다는 것이다. 그러나 1990년대 이후 상황
이 달라졌다. 잘나가건 못 나가건 간에 같은 산업 내에서도

기업실적의 양극화가 심해졌다. 내가 속한 사업의 경기가 안 좋다는 핑계만 댈 수 없게 된 것이다.

이런 배경에서 기업의 내부역량, 즉 경쟁력이 제일 중요하다는 주장인 '자원기반관점Resource-Based View'이 대두되었다. 이는 기업의 내부적 요소, 즉 기업 고유의 자원과 능력이 기업 경쟁력을 결정짓는다는 이론으로 곧 대세를 이루었다. 이를 확인하기 위해 기업실적을 분석해보면, 업종별 기업실적의 차이보다 업종 내 기업 간 실적의 차이가 훨씬 크게 나타난다는 통계결과가 일관되게 나오고 있다. 과거에는 성장산업에 속하는 것이 중요했으나, 현재는 개별 기업의 역량이 수익성에 결정적으로 작용하게 된 것이다.

그런데 이 자원기반이론을 보완하여 '변신력Dynamic Capabilities' 이론이 등장하게 된다. 자원기반관점 이론이 급변하는 환경에 대한 고려가 부족하다는 비판에 따라 나오게 된 것인데, 변신력이란 급변하는 환경에 대응하여 기업 내에서 의도적으로 기업의 자원을 유지, 생성, 발전시키려는 반복적인 과정으로 정의된다.

요약해서 말하자면 보통 기업경쟁력이 실적을 좌우하는데, 산업 패러다임 변화와 같은 커다란 환경변화 아래서는 기존의 경쟁력보다는 변신력이 부각된다. 얼마나 새로운 환경에 성공적으로 적응해가며 내 주력사업을 바꿀 것인가가 중요해진다. 이것이 앞으로 풀어나갈 기업변신 이야기이다.

내부역량과 외부충격에 따른 4가지 변신유형

본격적으로 변신에 성공한 기업들을 소개하기 전에 삼성경제연구소가 개발한 기업변신 모형을 소개하기로 한다. 이 모형은 전형적인 2×2 매트릭스 모형이다. 즉 사업변신의 상황을 외부로부터의 충격강도와 내부역량 수준을 두 축으로 하여 4분면으로 구분한 것이다. 여기서 외부충격은 산업구조 변화나 불황 등의 영향으로 주력사업이 받은 피해 강도를 의미하며, 내부역량은 주력사업의 경쟁사 대비 경쟁력 수준을 말한다. 그리고 대표적인 변신기업들을 분석한 결과에 따라 각 분면에 해당하는 변신의 4가지 유형을 추출하여 ① 유수불부流水不腐, ② 명불허전名不虛傳, ③ 화이부동和而不同, ④ 수구초심首丘初心으로 키워드를 붙였다.

첫째, 내부역량이 우월하고 외부충격이 별로 없는 1사분면 기업은 '변화선도형'이다. '흐르는 물은 썩지 않는다(유수불부)'는 말처럼, 여기 속한 기업은 사업 트렌드 변화를 사전에 파악하고 강력한 핵심역량을 활용하여 기업생태계를 창조하고 이끌어간다. 한마디로 변신이 시스템화되어 있다.

둘째, 내부역량이 열세이지만 외부충격도 받지 않은 2사분면 기업은 '우회공략형'이다. '명성은 헛되이 전해지는 게 아니다(명불허전)'로 표현할 수 있는데, 1사분면 기업처럼 강력한 내부역량을 갖추지는 못한, 주로 만년 2등 기업이다. 하지만 미래 사업을 보는 선구안이 있기 때문에 변신을 미리미리 시도하며, 業의 개념을 재정의함으로써 신사업을 창출하는 전략을 구사한다.

셋째, 핵심역량은 강하나 외부충격을 크게 받은 4사분면 기업은 산업을 재구성함으로써 활로를 모색하는 '가치차별형' 기업군이다. '조화를 이루지만 차별을 추구한다(화이부

∷ 그림 2 ∷ SERI 기업변신 모형

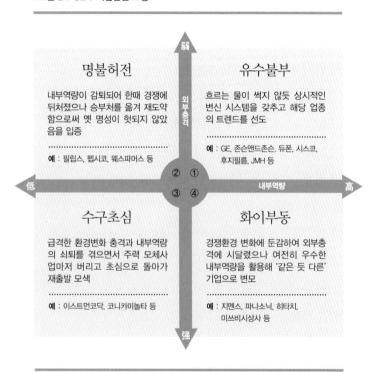

명불허전

내부역량이 감퇴되어 한때 경쟁에 뒤처졌으나 승부처를 옮겨 재도약함으로써 옛 명성이 헛되지 않았음을 입증

예 : 필립스, 펩시코, 웨스파머스 등

유수불부

흐르는 물이 썩지 않듯 상시적인 변신 시스템을 갖추고 해당 업종의 트렌드를 선도

예 : GE, 존슨앤드존슨, 듀폰, 시스코, 후지필름, JMH 등

수구초심

급격한 환경변화 충격과 내부역량의 쇠퇴를 겪으면서 주력 모체사업마저 버리고 초심으로 돌아가 재출발 모색

예 : 이스트먼코닥, 코니카미놀타 등

화이부동

경쟁환경 변화에 둔감하여 외부충격에 시달렸으나 여전히 우수한 내부역량을 활용해 '같은 듯 다른' 기업으로 변모

예 : 지멘스, 파나소닉, 히타치, 미쓰비시상사 등

弱 外部충격 強
低 內部역량 高
② ①
③ ④

자료 : 김종년 외 (2011). "트랜스포머의 조건 : 글로벌 기업의 변신 사례". 〈CEO 인포메이션〉 812호. 삼성경제연구소.

동)'는 식으로 가치사슬을 통합하거나 관련 산업을 다각화함으로써 위기를 극복하려고 한다. 변화에 미리 대응하지 못한 일본기업들이 주로 속해 있다.

　마지막으로 내부역량이 약화된 상태에서 외부충격을 강하게 받은 3사분면 기업은 '핵심역량 재편형'이다. '모든 걸 다 잃고 초심으로 돌아간다(수구초심)'는 말이 보여주듯, 매우 곤란한 처지에 빠진 기업으로 어쩔 수 없이 다 버리고 새 출발을 도모해야만 하는 상황이다. 과거에는 절대강자였으나 실패하고 재기를 도모하는 기업군이다.

03

기업마다 다른
변신전략이 필요하다

사업변신의 3가지 기본 전략

기업이 사업변신을 시도할 때 가장 중요한 것은 기존 사업의 '선택과 집중' 그리고 새로운 분야로의 '파괴적 혁신' 사이에서 균형을 잡는 일이다. 즉 사업변신은 타이밍의 예술이라고 할 수 있다. '때'만 잘 맞추면 이미 절반 이상 성공했다고 봐도 될 정도이다. 기업이 신이 아닌 이상 정확한 때를 맞추기는 어렵지만, 앞에서 소개한 '변신유형 매트릭스'에 따라 자사의 위치를 판단해서 각 유형에 맞는 차별적인 전략을 펼친다면 성공 확률을 높일 수 있다. 이 차별적 전략 이전에 변신기업에서 공통적으로 발견되는 기본 전략 3가지는 정확한 트렌드 예측, 투자 · 매각 · 기업문화의 조화, 계산된 리스크 테이킹이다.

첫째, 현재 상황에 매몰되지 않고 미래를 예측하는 통찰력은 최고경영자에게 요구되는 최고의 덕목이다. 앞으로 일어날 환경변화의 성격이 단절적인 것이라고 판단하면 파괴적 혁신을 추구함으로써 사업변신을 강력히 추진할 수 있다.

둘째, 변신의 트라이앵글이라고 할 수 있는 투자·매각·기업문화가 조화를 이룬다. 사업변신의 실행력을 높이기 위해서는 혁신적이고 개방적인 기업문화를 기반으로 하여 투자와 매각을 조화롭게 추진해야 한다. 이는 건강의 3대 요소인 쾌식(투자), 쾌변(매각), 쾌면(기업문화)에 비유할 수 있다. 사업변신의 주요 수단으로 M&A를 빼놓을 수 없는데 정확한 가치평가능력과 다양성 관리력으로 성공 확률을 높여야 한다. 또한 사업매각을 다운사이징의 구조조정 개념으로 보기보다는 생태계적 순환논리상 '적기에 말 갈아타기를 위한 실탄 마련'의 시각으로 볼 필요가 있다.

셋째, 사업변신에서 당연히 발생하는 리스크는 '계산'되어야 하며 기업은 이를 적극적으로 관리할 필요가 있다. 다각화 과정에서의 사업변신은 기본적으로 위험분산 효과를 가져오며, 다양한 리스크 관리방법을 통해 실패 위험을 관리할 수 있다. 기업의 본령은 리스크를 무조건 피하는 게 아니라 알고도 받아들이는 데 있으며, 그 리스크는 '계산'된, 즉 알고 있는 상태에서 관리가 가능하다. 예를 들어 매우 위험한 신사업의 경우, 불확실성이 높은 상황에서 하나의 대안만을 선택해 투자하지 않고 복수의 대안에 소규모 투자하는 실물옵션real option 방식을 적용하여 리스크를 분산시킬 수 있다.

유형별 변신전략

다음 장에서 본격적으로 변신기업 사례를 소개하겠지만 그 유형별 변신전략을 요약해보면 다음과 같다.

첫째, 1사분면(유수불부)에는 GE, IBM, 듀폰, 아마존 등 업종을 대표하는 초우량기업들이 주로 포진해 항상 가동되는 '변신 시스템'이 있으며, 이를 통해 미래 트렌드 예측을 정례화하고 전 방위적 노력을 경주하고 있다. 그리고 후발기업을 따돌리기 위해 선도기업으로서의 장점을 최대한 이용하여 설정된 변신방향에 따라 핵심 경영자원을 빠르게 선점한다(미래 개척). 즉 기업생태계를 리드한다는 전략이다. 여기에 속한 기업은 변화를 선도하는 장수기업이거나 창업가기업이라는 특성을 갖고 있다.

둘째, 2사분면(명불허전)에는 펩시, 필립스 등이 속해 있는데, 강력한 경쟁자 때문에 역량을 발휘하지 못한 기업들이다. 실력이 없는 건 아닌데 무언가 돌파구가 필요하다. 따라서 '패배를 인정하되 내 안의 보석을 찾는다(장점의 재발견)'는 전략방향으로, 2등의 현실을 인정하고 숨은 자산을 충분히 활용하여 변신의 추진력을 확보하고자 한다. 그리고 '길이

:표 4: **유형별 변신전략**

분면	키워드와 기업 특성	전략방향	내용
1	**유수불부** 업종을 선도하는 초우량기업	미래 개척 ↓ 후발자 따돌리기	• 상시 변신 시스템을 보유 • 미래 트렌드 예측을 정례화 • 우량기업의 장점을 극대화 • 설정된 변신방향에 따라 핵심 경영자원을 빠르게 선점
2	**명불허전** 강력한 경쟁자에 밀려 역량을 발휘하지 못한 기업	강점의 재발견 ↓ 우회공략	• 경쟁열위의 현실을 인정 • '숨은 자산'을 활용해 변신의 추진동력 확보 • 정면승부를 피하고 새로운 사업모델로 이행 • 경쟁구도를 능동적으로 재편
4	**화이부동** 기업생태계 변화에 둔감했던 일류기업	군살 빼기 ↓ 신속 추격	• 비핵심사업 정리로 역량 축적 • 미래 유망 성장산업 부문에서 선발주자 추격에 역량 집중
3	**수구초심** 과거의 영광에 도취되어 경쟁력이 쇠락한 기업	선상투하 ↓ 환골탈태	• 모체사업까지 포기할 수밖에 없는 상황에 직면 • 경쟁 강도가 약한 시장에서 재기 모색

자료 : 김종년 외 (2011), "트랜스포머의 조건 : 글로벌 기업의 변신 사례", 《CEO 인포메이션》 812호, 삼성경제연구소.

막히면 돌아가라'는 식으로 정면돌파보다는 우회공략을 통해 새로운 사업모델을 전개하는 경우가 많다.

셋째, 4사분면(화이부동)에는 파나소닉, 히타치 등 주로 일본기업들이 속해 있는데, 기업생태계 변화에 둔감했던 과거 일류기업으로 변화에 선제적으로 대응하지는 못했지만 역량은 우수한 기업들이다. 따라서 선택과 집중의 대대적인 구조조정을 통해 체질을 개선하는 것(군살 빼기)이 급선무이다. 그런 후 빠른 재도약을 위해 새로운 사업에 적극 투자한다(신속 추격).

넷째, 3사분면(수구초심)은 코닥, 코니카미놀타처럼 과거의 영광에 도취되어 경쟁력이 감퇴한 기업들로 변신의 시기를 놓쳐서 매우 어려운 상태에 있는데, 기존의 모체사업도 과감히 포기해야 하는 상황이다(선상투하). 결국 과거 유산의 활용도를 극대화할 수 있는 사업영역을 발굴하는 것(환골탈태)에서부터 출발해야 하는 비관적인 상황이다.

이상 내부역량과 외부충격의 두 축을 기준으로 변신의 4대 유형을 나누고 그 전략방향을 살펴보았다. 한눈에 봐도 알 수 있듯이 1사분면에 위치한 기업들은 탁월한 성과를 보이는 변신의 모범기업이라 할 수 있다. 기업변신 측면에서 왕도는 '미리미리' 변신을 준비하고 실행해야 한다는 점이다. 누구나 이를 알면서도 하기 힘들다는 것은 이제부터 살펴볼 수많은 기업 사례들이 보여주고 있다.

:표 5: 변신기업의 4분면별 특성과 성공전략

구분	1 (변화선도)	2 (우회공략)	4 (사업 재정의)	3 (핵심역량 재편)
대상 기업	GE, IBM, 듀폰, 존슨앤드존슨, 애플, 시스코, 아마존, GDF수에즈, 후지필름, JMH, 가오	펩시코, 필립스, 웨스파머스, 소프트뱅크	머크, 지멘스, 파나소닉, 다우케미컬, 히타치, 미쓰비시상사, 스미토모화학	이스트먼코닥, NEC, 코니카미놀타
특성	• 변화를 선도하는 장수기업, 창업기업 • 글로벌 리더십을 갖춘 기업	• 강력한 1등 기업에 막힌 2등 기업 • 돌파구, 새로운 모멘텀 • 2등임을 인정	• 위기에 둔감했던 상위 기업 • 변화에 선제 대응하지 못했으나 역량은 우수 • 변신 시스템 부족	• 변화에 대응하지 못한 과거의 성공기업
성공 전략	업그레이드 • 상시 가동하는 '변신 시스템' (방향 설정) • 핵심 경영자원의 선점(실행) • 표준 및 플랫폼 구축 전략(굳히기)	OS 교체 • 패배를 인정하되 장점을 살린다 (와신상담) • 새로운 비전을 제시하고 출발선을 재정렬한다 (우회공략) • 핵심도 버린다 (버리기와 채우기)	리부팅 • 구조조정 (사업의 재정의) • 고부가화 (자본력을 이용한 저가 M&A, 가치사슬 통합)	포매팅 • 과다경쟁 사업철수(전략적 비용 절감) • 고객 스펙트럼 변화(유산을 이용한 틈새 발견)

자료 : 삼성경제연구소.

1

유수불부
流 水 不 腐

흐르는 물은 썩지 않는다

변신의 모범기업

유수불부형 기업은 변화를 선도하는 변신의 모범기업이다. 내부역량도 높으면서 외부충격이 오기 전에 미리미리 변신하며 사업을 선도하는 초우량기업들이다. 지속적인 변신을 통해 새로운 시장을 탐색하는 '경로개척형Pathfinder' 기업으로, 사업의 경쟁구도를 의식하여 틈새시장을 찾거나 우회공략하는 방식보다는 정면돌파로 승부하는 게 특징이다. 따라서 기존에 존재하지 않던 새로운 '업'을 창조하거나 존재하던 사업에 진입하더라도 새로운 시장을 창출하여 그 규모를 대폭 확대한다. 기업가정신을 갖춘 창업자기업이거나 CEO 승계 시스템이 확립되어 있어 변신에 필요한 추진력이 확보된 기업이며, 지속성장하는 장수기업이 많이 포진해 있다.

변신전략을 요약하자면 항상 가동하고 있는 '변신 시스템(미래 개척)'과 '핵심 경영자원의 선점(후발자 따돌리기)'이다.

먼저 이들 기업은 변신을 상시적으로 추진하는 시스템을

갖추고 있다. 전사 차원의 상설조직에서 신사업전략을 총괄하고 정기적으로 미래 사업을 찾아서 실행한다. 기업 대 기업B2B 성격인 경우, 각 사업부에 공통된 대형 고객기업을 대상으로 통합 솔루션을 제공하는 과정에서 다양한 분야로 변신하는 경우가 많다. 미래 산업 트렌드를 예측하기 위해 내부뿐 아니라 외부 아이디어까지 적극적으로 수용함으로써 자사의 성공신화에 도취하여 변화를 거부하는 폐단을 피한다.

일단 변신방향이 설정되면 기술, 인력, 네트워크 등 관련 분야에 필요한 핵심 경영자원을 신속하게 선점한다. 이때 필요하면 M&A를 자유자재로 구사할 뿐만 아니라 유망영역에서의 연구개발 시스템을 갖추어 신규사업 진출에 항상 대비한다.

이렇게 하여 자사가 주도하는 기업생태계를 창조하거나 기존 생태계 전반을 확대하고 통제하는 데 주력한다(시장통합자 역할). 생태계 주도의 핵심이 되는 기술표준과 플랫폼을 확보하기 위해 연구개발이나 핵심 M&A에 집중하고 이를 통해 신규 수익원을 발굴한다. 또한 기존 가치사슬을 통합하여 전 방위적 영향력을 확대하고 생태계 내외의 강력한 연합체제를 구축함으로써 사업 시너지 효과를 추구한다.

:표 6 : 유수불부형(1사분면) 기업

기업명	설립 연도	CEO	변신 내용(2000~2010년)
GE (미국)	1892년	제프리 이멜트	복합그룹 → 인프라/에너지, 헬스케어 강화
IBM (미국)	1911년	버지니아 로메티	컴퓨터, 메인프레임 → 종합IT서비스업으로 변신
듀폰 (미국)	1802년	엘렌 J. 쿨먼	화학기업 → 종자사업 → 농업 및 대체에너지
존슨앤드존슨 (미국)	1886년	윌리엄 웰던	의약품 중심 → 생활용품, 의료기기 등 종합헬스케어
애플 (미국)	1976년	팀 쿡	컴퓨터 → 음악기기, 스마트폰, 태블릿 등
시스코 (미국)	1984년	존 챔버스	전형적인 B2B 네트워크 → 홈네트워크 B2C로 확장
아마존 (미국)	1995년	제프 베조스 (창업자)	인터넷서점 → 종합쇼핑몰 → IT서비스 → 전자기기로 확장
GDF수에즈 (프랑스)	1946년	제럴드 메스트랄드	가스공사 → 에너지종합기업
후지필름 (일본)	1934년	고모리 시게타카	필름사업 → OA기기, 메디컬 관련 사업
자딘 메디슨 (홍콩)	1884년	헨리 케스윅	소매그룹 → 자동차 및 호텔
가오 (일본)	1940년	오자키 모토키	생필품사업 → 뷰티케어사업

01

GE
변신 프로그램이 내장된 트랜스포머

변신도 시스템이다

세계 최대의 복합기업 GE_{General Electric Company}는 사뭇 거대한 이미지라서 '변신'과는 언뜻 거리가 멀어 보인다. 그러나 세계 비즈니스계에 큰 영향을 미치며, 100년이 넘도록 여전히 최고의 기업으로 우뚝 서 있는 그 추동력은 바로 '끊임없는 변신'에 있을 터이다.

　GE 변신의 핵심은 '시스템'이다. GE는 변신을 시스템화하여 끊임없이 변신과 성장을 반복 모색하는 데 탁월한 역량을 가지고 있다. 사실 GE는 하나부터 열까지 모든 경영 업무를 프로세스화하는 데 능숙하다. 그리고 이를 실제 실행하는 인력을 철저히 교육하여 조직 내에 강력한 노하우로

깊숙이 체화시키는 DNA를 보유하고 있다. 우리가 이미 잘 알고 있는 식스 시그마Six Sigma를 비롯한 다양한 경영혁신 프로그램과 크로톤빌의 인력 양성 프로그램이 가진 세계적 명성은 이를 잘 말해준다.

변신 역시 마찬가지이다. GE는 새로운 사업의 방향 설정부터 전략 추진 방법, 인력 양성 시스템을 포함하는 일련의 변신 프로세스를 가동하고 있다. 2003년 취임 직후 제프리 이멜트Jeffrey Immelt 회장이 핵심 경영철학으로 주창해온 'Growth as a Process(프로세스로서의 성장)', 즉 조직 전체가 끊임없이 성장을 추구하고 실행한다는 개념이 무엇보다 이를 잘 설명해주는 단어일 것이다. 이멜트 회장은 성장의 실행을 위한 핵심항목을 설정하고 이를 달성하기 위한 체계적이고 실제적인 방법을 주장했다.[1]

먼저, 성장을 위해 갖추어야 할 기본 항목 6가지로 고객이해Customers, 혁신적 아이디어Innovation, 기술개발Great Technology, 사업화 역량Commercial Excellence, 글로벌화Globalization, 성장리더 양성Growth Leaders을 제시했다. 이는 전사 차원에서 달성해야 하는 성장을 위한 기본 과제임과 동시에, 실제로 업무를 수행해나가는 인력이 스스로 가져야 하는 일종의 기본 마음가

---

[1] Stewart, T. A. (2006). "Growth as a Process : An Interview with Jeffrey R. Immelt". *Harvard Business Review*. June. pp. 60~70.

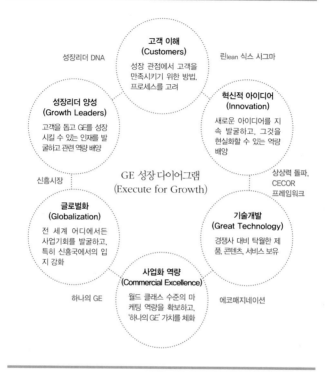

자료 : Stewart, T. A. (2006). Growth as a Process : An Interview with Jeffrey R. Immelt. *Harvard Business Review*, June, pp. 60~70.

짐이라고 볼 수도 있다. 6가지 항목에 특별한 순서가 부여되어 있는 것은 아니다. 그러나 시작점은 고객 이해로 볼 수 있으며, 이는 기술을 파는 것이 아니라 고객이 원하는 것을 만들어 성장해야 한다는 이멜트 회장의 '유기적 성장관'을 엿볼 수 있는 대목이다. 이러한 유기적 성장관은 과거 웰치 시대와 다른 중요한 특징이며, 또 이멜트 회장이 마케팅을 강조[2]하는 이유이기도 하다.

GE 변신의 궤적

GE는 1892년 에디슨종합전기와 톰슨휴스톤전기가 합병하여 탄생했다. 지난 100년 동안 전기, 가전, 인프라 위주의 사업구조를 영위해오면서, 1896년 최초로 다우존스 기업에 편입되어 현재까지 유일하게 살아남은 최고最古의 기업이다. 1981년까지만 해도 전구, 가전이 전체 사업의 70% 이상을 차지했을 정도로 명실상부한 '전자'기업이었으나, 끊임없이 외부 M&A를 통해 세계 1위 사업부를 흡수했던 웰치 시대를 거치면서 2000년에는 금융사업, 기술 인프라, 에너지 인프라, NBC, 컨슈머&산업(전기, 전구 포함) 등 6개 사업부문으로 재편되었다.

이후 IT버블을 거치며 세계적인 '저성장시대'를 맞이하고 2003년 잭 웰치Jack Welch의 바통을 이어받은 이멜트 회장 시대에 이르면서 GE는 외부에서 성장동력을 발굴하기보다 고객 니즈에 맞는 신사업을 자체적으로 발굴·육성하며 성장한다는 '유기적 성장Organic Growth'을 주창했고, 기술 인프라(헬

---

2 더욱 정확히는 기존의 마케팅 개념에서 더 나아가, 고객의 니즈를 선도적으로 알아내어 사업개발부터 제품/기술 세일즈까지 마케팅의 범위와 역할을 넓혔다.

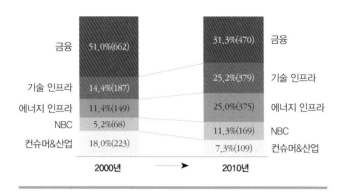

금융 51.0%(662) → 31.3%(470) 금융

기술 인프라 14.4%(187) → 25.2%(379) 기술 인프라

에너지 인프라 11.4%(149) → 25.0%(375) 에너지 인프라

NBC 5.2%(68) → 11.3%(169) NBC

컨슈머&산업 18.0%(223) → 7.3%(109) 컨슈머&산업

2000년 ▶ 2010년

자료 : Thomson One Banker DB와 사업보고서를 기반으로 자체 분석.

스케어, 비행기 엔진 등), 에너지 인프라(파워시스템즈 등), 금융의 3대 축으로 사업구조를 강화해왔다. 특히 웰치 시대에 GE의 핵심적인 캐시카우 역할을 수행했던 금융사업을 축소하는 한편, 헬스케어와 중공업 부문을 더욱 강화해나가면서 과거의 거대 복합그룹에서 인프라(기술, 에너지) 기업으로 또다시 변신하고 있다.

2010년 GE는 매출 1,491억 달러, 종업원 수 30만 명으로 포춘 500대 기업 중 13위에 올랐다. 고성장시대였던 1990년대에서 2000년대 초기까지만 해도 세계에서 가장 매출 규모가 컸던 명실상부 매머드 기업이었으나, 2000년대 이후 저성장시대를 맞이하고 유기적 성장을 강조하면서 상대적으로 규모는 다소 축소되었다. 그러나 끊임없이 변

신을 모색하며 진화해나가고 헬스케어, 에너지 인프라 등
세계가 주목하는 유망 미래 성장동력을 사업 포트폴리오로
거느리고 있어 지속가능한 선진기업으로 여전히 건재하다.

변신 시스템을 구성하는 프로그램

GE는 앞서 얘기한 '성장을 위한 6대 기본 항목'을 실현하
기 위해 전사 차원의 다양한 실행 프로그램을 보유하고 있
다. 이멜트는 성장엔진 발굴의 강력한 수단으로 '상상력 돌
파Imagination Breakthrough' 프로젝트를 직접 관리하며 적극적으로
추진하고 있다. IB 프로젝트는 다양한 사내 아이디어 중 위
험부담이 크고 장기간 연구개발이 필요하지만 성공하면 엄
청난 성장이 가능한 미래 성장사업 분야를 선정하여 집중
적인 지원을 통해 사업변신의 씨앗을 발굴하는 프로젝트이
다. 현재 100개 이상의 과제가 진행 중인데, 차세대 청진기
Vivid1, 15% 이상 연료가 절감되는 하이브리드 기관차 등
놀라운 결과물들을 내고 있다.

IB 프로젝트의 유형은 블루오션을 가능하게 하는 기술혁
신, 시장확대기회 창출, 고객과 GE 내부의 가치창출을 위한
아이디어, 제품사업화 프로젝트 등 크게 4가지로 그룹화되
는데, 이 중 시기적으로 보면 바로 사업화가 가능한 것도 있
고 10년 이상 걸리는 것도 있다. IB 프로젝트를 총괄하고 있
는 베스 콤스톡 부사장(최고 마케팅 책임자)은 "GE의 전략적

마케터들이 이렇게 시장 트렌드를 기술과 연결시키고 이를 시장에 설명하는 방식으로 혁신을 현실화한다"라고 밝히고 있다.

　GE는 다양한 신사업의 씨앗을 발굴하는 방법뿐만 아니라 이러한 씨앗이 새로운 사업으로 진행될 수 있는 방법을 구체적인 사고체계로 규정했다. 신제품 개발 방법론인 'CECOR~Calibrate-Explore-Create-Organize-Realize~'이 그것으로, 이는 IB 프로젝트를 통해 나온 창의적이고 혁신적인 아이디어를 구체화시키는 방법론이다.

:그림 5: GE의 변신 프레임워크

	전략과 실행안	내용
전략방향	Growth as a Process	성장을 프로세스화하여 지속성 확보
의사결정	사업화위원회	최고경영진의 성장 관련 의사결정과 실행 협의체
주요 신사업 발굴 방법론 (Tools)	(아이디어 도출) Imagination Breakthrough	1억 달러 이상 매출이 가능한 성장 과제를 선정하여 지원하는 제도
	(사업화) CECOR	신사업과제를 실행하기 위한 구체적 방법론
	(외부자원 활용) Acquisition Integration Framework	외부자원 인수 시 효과적 통합을 위한 세부 프로세스
성장리더 프로그램	LIG	특정 사업부의 임원을 대상으로 진행하는 회장 주도의 성장 워크숍

측정Calibrate 단계에서는 변화하는 시장과 고객, 경쟁자 및 기술 트렌드를 정확히 이해한다. 탐구Explore 단계에서는 창의적인 아이디어를 발굴하고, 그 아이디어가 고객에게 줄 수 있는 가치를 평가한 후 경우에 따라서는 앞 단계를 반복하며 최적의 아이디어를 찾아낸다. 창조Create 단계에서는 도출된 아이디어에 차별적 가치를 더해 제품화하여 효과적으로 고객에게 전달한다. 조직Organize 단계에서는 마케팅 믹스(제품, 가격, 유통, 프로모션) 측면에서 실행 활동을 구체화하고, 최종적으로 현실화Realize 단계에서는 계획을 본격적으로 실행하고 성과를 평가한다.

변신 시스템의 중심, 사업화위원회

2000년대 이후 GE가 끊임없이 변신을 꾀하는 핵심에는 2003년 취임한 제프리 이멜트 회장이 중심이 된 '사업화위원회Commercial Council'가 있다. 이멜트 회장은 취임 이후 GE의 전체 성장 프로그램을 총 기획하는 전사 상설조직으로 사업화위원회를 설치했다. 이는 이멜트 회장이 직접 의장으로 참여하고 본사 경영진과 각 사업본부장 등 20여 명이 분기별로 신사업전략을 개발하여 추진하는 본사 총괄 의사결정 기구로, 현재까지 GE 변신에 핵심적인 역할을 수행하고 있다. 각 사업본부장은 매년 3개의 신사업과제를 발굴해서 사업화위원회에 제출해야 하며, 사업화위원회는 심사와 논의를 거쳐 전사 차원에서 추진할 전략방향과 각사에서 추진할 전략과제를 발굴하고 실행한다. GE와 같은 거대 기업의 회장이 직접 나서서 방향을 챙기고 변신을 독려하며 움직인다는 것은 쉽지 않은 일이며, GE가 위대한 이유 중 하나이다. 2005년 GE가 전사 전략방향으로 천명한 '에코매지네이션Ecomagination'과 2009년에 역시 전사 전략방향으로 추가 발표한 '헬시매지네이션Healthymagination' 모두 이 사업화위원회에서 도출되었다.

GE를 움직이는 동력, LIG

이멜트 회장은 GE가 계속해서 앞으로 나아가려면 각 사업부서를 진두지휘하는 경영팀에 바통을 넘겨줄 필요가 있다고 판단했다. 그리고 이것은 'LIGLeadership, Innovation, Growth' 프로그램 도입으로 이어졌다. LIG는 이멜트 회장의 지시 아래 GE의 중역 개발 담당 부사장이자 최고 학습 책임자CLO인 수전 P. 피터스와 당시 GE의 최고 마케팅 책임자CMO이자 현 GE캐피탈솔루션 사장인 대니얼 S. 헨슨에 의해 탄생한 혁신 프로그램이다.

LIG 프로그램은 특정 사업부의 전체 임원들이 연수원에 모여서 약 4~5일간 사업부의 신사업개발과 성장방향에 대해 팀 프로젝트 형태로 해결책을 모색하는 일종의 워크숍 성격을 띤다. 각 팀은 사전에 성장과 변화에 관한 선행과제를 준비하고 4일간의 집중 교육기간 동안 해당 프로젝트를 완수하여 마지막 날에 이멜트 회장 앞에서 발표한다. 2007년 GE전력팀에 의해 진행된 프로젝트 주제를 보면 '태양 관련 사업은 우리가 해야 하는 사업이 맞는가?', '우리는 450억 달러 규모의 사업에 적합한 조직형태를 갖추었는가?', '제품 단위로 사업을 분사할 경우 제대로 운영할 역량이 있는가?' 등이다. 이런 식의 프로젝트 주제를 놓고 팀원들은 1시간 단위로 격렬한 토론을 벌이며 해결책에 접근한다. LIG 프로그램을 마치고 업무에 복귀한 이후에도 관련 커뮤니케이션은 그대로 이어진다. 지속성을 확보하기 위해서이다.

LIG의 팀 중심 접근방식은 기존의 경영교육에서 사용해온 개인 중심 접근방식의 한계를 해소하는 데 도움을 준다. 다른 팀 구성원은 어떤 견해를 갖고 있는지 파악할 수 있기 때문이다. 새로운 아이디어나 기술에 관한 견해와 업무방식도 마찬가지이다. 예를 들어 GE는 좀 더 고객 중심적인 회사로 변모하기 위해 마케팅 담당 임원 및 직원들에게 고객을 세분화하는 방법을 가르쳐왔다. 그러나 이들은 업무에 복귀한 이후 배운 내용을 실천하려다 좌절했고, 결국 적용하지 못하고 사장되는 경우가 비일비재했다. 교육과정에 참여하지 않은 관리자들이 이런 노력에 대해 이해하지 못하고 고객 세분화의 가치를 깨닫지 못했기 때문이다.

LIG 프로그램의 목표는 'GE의 DNA에 성장이라는 개념을 뿌리내리게 하는 것'이었다. 다시 말해 각 사업부의 팀들이 끊임없이 유기적 성장에 대해 생각하도록 하는 것이다. 팀들이 쉴 새 없이 새로운 기회를 찾고, 부하 직원들이 성장을 위한 노력에 동참할 수 있도록 전략적인 비전을 제시하게끔 만들고자 했다. 이멜트 회장은 관리자들이 단순히 자신의 능력이나 프로세스, 성과측정 방법 등을 재검토하길 바란 것이 아니라, 관리자들이 스스로 성장과 변신에 관심을 갖고 있는지 되돌아보고 자신의 팀에 이것이 어떻게 반영되고 실현되는지 느끼길 원했다. 다시 말해 LIG 프로그램은 웰치 전 회장의 지휘 아래 식스 시그마가 GE의 상징이 된 것과 마찬가지로 혁신, 성장, 변신을 GE의 새로운 성장 동력으로 삼으려는 이멜트 회장의 강력한 외침이다.

이멜트가 꿈꾸는 유기적 성장 조직

웰치 시대 GE는 '세션 C'라는 인사회의를 운영하면서 수백 명 매니저들의 분기 실적을 철저하게 평가해왔다. 즉 승진 대상인 상위 20%, 도움이 필요한 중간 70%, 회사를 떠나야 하는 하위 10%로 구분하여 철저히 평가 · 비판하면서 세계적인 화제에 올랐고, 이는 잭 웰치의 독특한 리더십으로 그를 부각시키는 소재가 되었다. 이멜트의 GE는 여전히 세션 C를 진행하지만 등급을 나누지는 않는다. 모든 경제가 상승 분위기였던 1990년대가 아닌 저성장시대 한복판에서는 그러한 전략이 적절치 않다고 판단한 것이다.

이멜트는 '솔직하고 직접적인 조언을 통해 모든 조직원이 성장을 향해 움직이는 종합 성장 조직'을 꿈꾼다. 그는 자기 자신과 부회장, 고위 임원뿐만 아니라 일반 직원, 즉 유능하든 무능하든 모든 직원들이 성장을 위한 리더가 될 수 있다고 믿는다. 리더가 부진한 사람들과 마주하여 무엇이 부진한지, 무엇을 향상시켜야 할지 말해주고, 개선되지 않으면 더욱 나은 해결책이 있음을 알려줌으로써 성장을 달성할 수 있다고 믿는다. 또한 어떤 일을 하더라도 성장에 대한 방향성을 가지고 일을 해야 한다는 '업의 관觀'을 제시해 조직 전체가 모두 성장과 변신을 위해 움직이게끔 만들 수 있다고 굳게 믿고 있다. 이는 이멜트 회장이 주창하는 유기적 성장의 기본 전제이며 성장을 기업문화로 키워가려는 노력을 의미한다. 이런 방식을 통해 내부 직원들은 끊임없이 새로운 성장동력을 찾고, 실행하고, 배우고, 피드백 한다. 그리고 이것은 지속적으로 내외부 성장의 연결고리를 찾는 유기적 성장기조와 연결된다.

이멜트 회장은 한 인터뷰에서 "어떻게 회사 내부에서 성장문화를 키울 것인가 하는 점을 아주 중요한 기준으로 생각했기 때문에 유기적 성장을 목표로 정했습니다. 유기적 성장은 적절한 시장에 진입해 주도권을 선점함으로써 이후 오랜 시간에 걸쳐 충분히 자생적으로 성장할 수 있는 성장

능력을 의미합니다. 그리고 이것은 모든 직원이 참여할 때 달성할 수 있습니다"라고 언급한 바 있다. 조직 전체가 만들어가는 성장에 관한 그의 생각을 엿볼 수 있는 대목이다. 아울러 그는 "유기적 성장은 가장 중요한 동력입니다. 기업 인수는 두 번째입니다. 한 해에 200만 달러씩 10년만 투자하면 훨씬 더 나은 수익을 얻을 수 있는 기술을 초기 비용으로 1억 달러를 주고 사오지는 않을 것입니다"라고 말했다.

성장의 달성 여부는 여기 있는 모든 사람들 각자가 이 일을 자신의 일로 받아들일 수 있는지에 달려 있습니다. 누구든 마음만 먹으면 우리가 전문적인 시스템을 가지고 있다는 핑계로 조직 안에 숨어서 문제점을 시스템 속에 덮어버릴 수 있습니다. 그러나 나는 직원들이 스스로 더 많은 위험을 무릅쓰고, 더 큰 문제를 해결하며, 전에 없었던 새로운 방식으로 기업을 성장시켜나가길 원합니다. 그리고 이를 위해 직원들이 문제점을 개선하고 아이디어를 내는 일을 자신의 임무로 인식하도록 만들어야 했습니다.[3]

제프리 이멜트

단지 꾸준히 성장과 변신을 모색했다는 것으로 GE가 특

---

3 데이비드 매기 (2009). 《제프 이멜트 GE Way》 (김명철 옮김). 위즈덤하우스.

별해지지는 않는다. 그것을 달성하기 위해 거대한 조직 전체가 유기적으로 움직이고, 또 시스템을 통해 그렇게 만든다는 것이 GE가 가진 특징이자 오늘날까지 위대한 기업으로 추앙받는 핵심일 것이다. 저성장시대를 맞이하여 과거와

GE의 성장 가치관(Growth Values)

• GE의 모든 리더는 신규사업 진입, 혁신, 성장을 위해 다음과 같은 리더적 특징을 갖추어야 한다고 규정하고 있다.

① 외부환경에 초점(External Focus) : 고객의 시각으로 성공을 정의한다. 업계 변화에 발맞춘다. 주변 상황을 충실히 살핀다.

② 명료한 사고체계(Clear Thinker) : 복잡한 문제를 해결하는 데 도움이 되는 간단한 해결책을 찾아낸다. 결단력과 집중력이 있다. 우선순위에 대해 명료하고 일관된 뜻을 전달한다.

③ 상상력(Imagination) : 참신하고 창의적인 아이디어를 낸다. 문제해결능력이 뛰어나며, 변화를 수용한다. 인재와 아이디어에 관한 위험을 감수한다. 용기와 끈기를 가지고 있다.

④ 포용력(Inclusiveness) : 팀워크가 뛰어나다. 타인의 아이디어와 노력을 존중한다. 관심과 참여를 유도하고, 충성심과 헌신을 이끌어낸다.

⑤ 전문성(Expertise) : 경험을 바탕으로 하는 전문지식과 진실성을 모두 갖추고 있다. 끊임없이 자기계발을 위해 노력한다. 무엇인가를 배우기 위해 노력한다.

자료 : Prokesch, Steven (2009). "How GE Teaches Teams to Lead Change." *Harvard Business Review.*

같이 급격한 성장세를 보이지는 않지만, 여전히 GE는 끊임없는 변신 노력을 통해 바이오, 에너지 등의 미래 신성장동력을 확보해왔으며 그 분야에서 세계 최고의 경쟁력을 지니고 있음을 주목해야 한다.

GE는 1892년 에디슨이 창업한 에디슨종합전기와 톰슨 휴스톤전기가 합병하여 탄생했으며, 끊임없는 성장과 혁신으로 세계 비즈니스계를 선도해온 초일류기업이다. 전기와 가전 위주의 사업구조였으나 지속적인 M&A와 사업구조조정을 통해 산업 인프라, 에너지, 금융, 헬스케어, 미디어를

∶그림 6∶ 경영실적

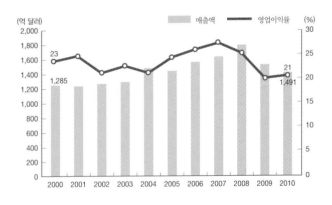

자료 : Thomson One Banker DB를 활용하여 작성.

아우르는 복합기업으로 성장했다. 2010년에는 매출 1,491억 달러, 종업원 수 30만 명으로 포춘 글로벌 500 기업 순위에서 13위에 올랐다.

2005년 '환경으로 돈을 번다'는 '에코매지네이션'을, 2009년에는 '메디컬'을 강조하는 '헬시매지네이션'을 천명한 후 에너지와 메디컬의 듀얼코어로 진화 중이다.

: 그림 7 : 사업구조 변화

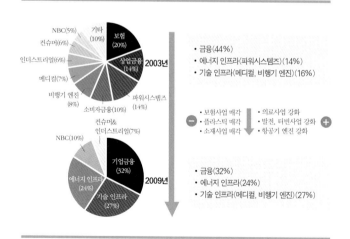

자료 : Thomson One Banker DB를 활용하여 작성.

02

IBM
세상의 '지知'를 연결하는 능력

세상을 바꾸어온 100년 IT기업

2011년 6월 16일, 100년을 이어온 유일무이한 IT기업의 '백년맞이'에 전 세계 언론의 축전이 끊임없이 이어졌다. IBM은 세계 최초로 천공카드 시스템을 개발한 태뷸레이팅 머신 컴퍼니Tabulating Machine Company를 비롯하여 3개의 정보기술 회사가 1911년 합병해 만들어진 기업이다. 처음에는 CTRComputing Tabulating Recording이라는 이름으로 출범했으나 1924년 회사명을 IBMInternational Business Machine으로 바꾸었다. 뉴욕 아몽크에 본사를 둔 IBM은 2011년 현재 170개국에 40만 명 이상의 직원을 거느리고 있다.

　IBM이 전 세계 비즈니스계에 가져온 영향은 가히 혁명적이었다. 비즈니스계를 넘어 사실상 지난 한 세기 동안 인류 과학기술의 발전을 주도했다고 봐도 무리가 없다. IBM이 만들어낸 수많은 혁명적 기술은 다시 한 번 IBM의 위대함을 새삼 느끼게 해준다.

1954년 IBM은 기업 최초로 순수과학연구소를 설립하고 최초의 상업용 전자계산기를 비롯해 최초의 하드디스크 시스템과 메인프레임, 플로피디스크, DRAM 등을 세상에 선보였다. 1960년대 개발한 최초의 항공예약 시스템은 이후 온라인뱅킹과 전자상거래의 기틀이 되었고, 프로그래밍 언어의 고전 격인 포트란FORTRAN, 컴퓨터 운영체제인 OS/360, 첫 관계형 데이터베이스 관리시스템DMBS 등으로 현대 컴퓨터의 핵심기능인 알고리즘을 개발하는 데 중추적인 역할을 해왔다. e비즈니스와 온디맨드On-Demand 같은 IT용어도 IBM이 처음 사용했다.

이 밖에도 비트bits와 바이트bytes의 개념을 창시하고 정보과학을 기반으로 한 현대 물리학과 생물학, 화학의 근간을 마련했다. 실제 IBM의 정보이론은 상대론적 양자역학에 이은 현대 물리학의 3차 혁명을 이끈 것으로 평가받고 있다. 눈금자나 시계, 바코드, 무선인식RFID, 위성항법장치GPS, 자기공명장치MRI, 디지털 비디오, 주사 터널링 현미경 등 IBM의 발명품들은 그 수를 헤아리기 힘들 정도이다.

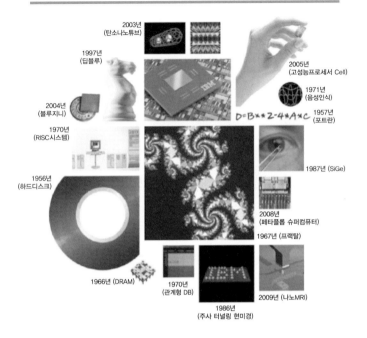

2003년
(탄소나노튜브)

1997년
(딥블루)

2005년
(고성능프로세서 Cell)

2004년
(블루지니)

1971년
(음성인식)

1970년
(RISC시스템)

1957년
(포트란)

1956년
(하드디스크)

1987년 (SiGe)

2008년
(페타플롭 슈퍼컴퓨터)

1967년 (프랙탈)

1966년 (DRAM)

1970년
(관계형 DB)

2009년 (나노MRI)

1986년
(주사 터널링 현미경)

자료 : IBM 홈페이지 〈www.ibm.com〉.

IBM이 100년 이상 IT뿐만 아니라 비즈니스계를 선도하면서 장수할 수 있었던 근본적 이유에 대해 많은 분석가들은 혁신적인 기술을 고객이 원하는 형태로 전달하는 능력이 탁월했기 때문으로 분석하고 있다.[4] 끊임없이 기초연구에

---

4 "IBM Centenary : The Test of Time" (2011. 6. 9). *The Economist.*

전력하여 파괴적인 혁신기술을 개발하되, 고객의 니즈를 정확히 읽어내는 개발연구에까지 상당한 역량을 보유하고 있다는 점은 일반적인 기업들이 쉽게 따라 하기 힘든 IBM만의 DNA라 할 수 있다.

'부드러운 변신'의 대명사

IBM이 끊임없이 승승장구만 해온 것은 아니다. 1980년대에 들어서면서 IBM 제국에도 점차 위기가 찾아오기 시작했다. 영원한 컴퓨터 제국의 모습을 보여줄 것 같았지만, 1980년대 중반 이후 급격히 무너져 내리기 시작한 것이다. 거대해진 조직은 기동성 있는 움직임을 보여주지 못했고, 급변하는 세계시장을 읽지 못했다. 변화를 거부하는 나태한 움직임은 소비자의 욕구를 반영하지 못했고 컴팩, HP, 델 등의 후발주자에도 조금씩 밀리는 모습을 보여주었다. 마이크로소프트MS와 독립적인 행보를 걷기 위해 소프트웨어 개발사업에 엄청난 자금을 투입했지만, MS 제품에 밀려 오히려 큰 손해만 보기도 했다. 거듭되는 악재는 경영 악화와 생산성 하락 등의 결과를 가져왔으며, 1992년에는 49억 7,000만 달러의 손실을 내는 심각한 경영난 속에서 제국은 무너져갔다.

IBM이 위기상황을 적극적으로 타개하기 시작한 것은 1993년 루이스 거스너Louis Gerstner가 CEO로 취임하면서부터이다. 그는 몸집이 비대해져 빠른 의사결정이 불가능했던

IBM의 조직구조부터 슬림화했고, 조직 분위기를 일신한 후 거대한 도전을 시작했다. IBM의 주력사업군이던 IT제조업을 서비스업으로 전환하기 시작한 것이다. 비용이 높고 마진율은 떨어지는 제조업 대신, 비용이 적고 마진율도 높은 서비스업을 주력으로 삼을 것을 천명하고 본격적으로 실행에 옮겼다. 대규모 인원 감축이라는 뼈를 깎는 고통 속에서도 서서히 손실을 회복해가며 1997년에는 모든 사업을 흑자로 전환시켰고, 80억 달러에 이르는 순이익을 달성했다.

2000년 바통을 이어받은 샘 팔미사노Sam Palmisano는 거스너의 변신방향을 더욱 강화하면서 PWC 인수(2002년), 레셔널 소프트웨어 인수(2003년), PC사업 매각(2005년) 등을 통해 고객이 원하는 IT솔루션을 제공해주는 온디맨드 전략방향을 더욱 공고히 했다. 이 과정에서 IBM은 전략수립 컨설팅, 업무 프로세스 개선, IT솔루션 개발 및 구축 등을 한꺼번에 제공하는 통합서비스 제공업체가 되었다. 하드웨어 사업 비중은 25% 선으로 낮추고, IT서비스 사업이 전체 매출의 절반 이상을 차지하는 구조로 변화한 것이다. 거대 기업의 극적인 전환이자 성공적인 변신이었다. 덕분에 IBM의 사례는 비즈니스 역사상 가장 위대한 변신으로 각인되고 있다.

그러나 IBM의 변신이 단순히 일회성으로 제조에서 서비스로 전환한 것은 아니다. 사실 IBM은 기업 존폐의 기로 때마다 변신을 추구했다. 필요할 때 적절한 사업에 진출해 핵심역량을 키워왔다. 거스너의 변신 이후에도 2008년에는 도시·에너지·교통·헬스케어 등 전 지구적 사회 인프라 전반이 고도화, 지능화되는 추세에 맞추겠다는 '스마트 플래닛'을 주창했다. 그리고 이를 향후 IBM의 전사 성장전략으로 천명한 후, 관련 사업으로 무게중심을 본격 이동 중이다. 2000년대에는 통합 IT솔루션 업체로서 비즈니스를 영위했지만, 2010년 이후에는 복잡해지는 전 지구의 두뇌 역할을 담당하겠다는 원대한 포부로 새로운 변신을 모색하고 있는 셈이다. IT주를 극도로 싫어했던 워런 버핏마저 2011년 드디어 IBM에 107억 달러를 투자하기로 결정함으로써 IBM의 성공적인 변신을 지지했다.

IBM 변신의 핵심은 '연결'

그렇다면 IBM이 변신을 지속할 수 있었던 원동력은 무엇일까? 무엇이 있었기에 100년이 넘도록 선두 자리를 지키면서 끊임없는 변신을 지속할 수 있었을까? 그들의 변신 DNA는 무엇일까?

IBM이라는 기업이 가지고 있는 독특한 경쟁력은 바로 '미래를 예측하기 위한 노력'이다. 세상을 바꾸어온 조직인 만큼 IBM은 이 세상이 어떻게 바뀔지 관심이 많다. 그리고 그것을 알기 위해 어마어마한 시간과 돈을 쏟아붓는다. 중요한 것은 미래상을 예측하기 위해 다양한 분야의 기술과 지식을 흡수하고 연결하는 데 전력한다는 점이다. IBM에서 모든 변신은 오랜 기간에 걸쳐 많은 노력을 기울여 파악한 미래상에 근거하여 이루어지며, 따라서 변신과 혁신은 '기술적인 사항이 아닌 사회적인 영향을 수반하는 것'이라고 규정하고 있다. 즉 아무리 훌륭한 혁신이라도 미래 사회를 꿰뚫는 통찰이 아니라면 중요한 혁신이 될 수 없으며, 미래 사회를 꿰뚫는 통찰은 다양한 분야에서 미래상을 예측하고 이를 결합시킴으로써 나온다는 것이 IBM의 기본 생각이다.

IBM의 변신전략은 지금까지 매년 작성된 3개의 보고서에 기반하여 수립되어왔다. 하나는 '국제 기술전망Global Technology Outlook'으로, IBM이 주력하고 있는 연구개발 분야의 현황과 전망을 망라하고 있다. '국제 마케팅 동향Global Marketing Trend'은 시장과 고객 니즈의 현재와 미래 전망에 대해 기술한 보고서이다. 마지막으로 최근 가장 중요하게 부각되고 있는 '국제 혁신전망Global Innovation Outlook'은 전체 산업의 혁신동향을 총망라한 것으로, IBM의 기술자와 컨설턴트 약 100명과 세계 24개국의 학계, 산업계, 정부 관계자들, 오피니언 리더들, 세계적 석학 등을 초청하여 한 달가량 10회에 걸쳐 토론한 내용을 매년 정리한 것이다.

여기서는 21세기의 미래 화두를 제시하고, 어떤 미래상이 펼쳐질 것인지를 다양한 관점에서 논의한다. 주제는 IBM의 현재 사업과 연관이 있을 수도, 없을 수도 있다. 다양한 분야의 미래를 관찰하고, 지식을 연결하고, 새로운 미래를 모색하는 것이다. 폭넓은 분야의 다양한 석학들과 관계를 맺고 해당 분야의 미래를 진지하게 논의하여 전략방향의 중요한 참고로 삼는 IBM의 노력은 다른 대기업들이 쉽게 따라 하지 못하는 위대한 기업의 일면이라 할 수 있다.

15만의 브레인스토밍, '이노베이션잼'

IBM은 외부뿐만 아니라 사내의 지식을 연결하는 데에도 큰 노력을 기울인다. 이는 제조업에서 서비스업으로 전환하면서 혁신기술을 보유하고 제공하는 '사람'이 중요해졌다는 인식에서 출발한다. 사내의 다양한 지식과 의견에서 새로운 사업과 혁신 아이디어를 발굴하자는 것이다. 이러한 노력은 변신을 성공적으로 이어온 글로벌 선진기업의 공통된 특징이라고 볼 수 있는데, IBM은 그중에서도 집단지성을 통한 신사업 아이디어 발굴을 가장 효과적으로 실행에 옮기며 다양한 성과를 도출하고 있는 것으로 평가받고 있다.

IBM의 내부 집단지성을 통한 변신 모색은 '이노베이션잼Innovation Jam'이라는 온라인 컨퍼런스를 통해 이루어진다. 이노베이션잼은 팔미사노 회장이 2000년에 주창하여 2001년부터 시행하고 있는 전 세계 IBM 임직원들의 온라인 콘퍼런스인데, 여기서 '잼'의 의미는 온라인상에서 다수의 사람들이 모여 격의 없이 의견을 제시하고 협의하는 과정을 뜻

한다. 참가인원은 약 15만 명에 달하고, 개시 3일 동안에만 4만 6,000여 개의 아이디어가 제시되는 등 IBM의 중요한 혁신동력이 되고 있다.

이노베이션잼을 통해 도출된 수많은 아이디어들은 현재 IBM의 중요한 신사업과제로 시행되고 있으며, 최근에 주창된 '스마트 플래닛'의 전사 전략방향 역시 이노베이션잼에서

:표 7: 2006년 이노베이션잼의 대표 아이디어들

여행	건강 유지
• 디지털 엔터테인먼트 공급체인 • 개인 콘텐츠 저장 관리 • 디지털 메모리 세이버 • 21세기 기차여행 • 교통 상황 정보 • 통합 대중교통 정보 서비스 • 생체 인식 여권 • 이동형 사무실 • 신뢰할 만한 자동차 정보 • 가상세계를 위한 실물시장	• 즉시 비상사태 전환 • 원격 건강 연계 • 건강기록 은행 • 건강관리 솔루션 소매점 • 지능형 병원 • 지능형 건강관리 지불 시스템 • 경제성장 속에서 지속가능한 건강관리
더 나은 지구	**금융과 상거래**
• 탄소나노튜브를 이용한 물 정수 • 예측 가능한 물 관리 • '빅 그린' 서비스 • 실용적인 태양열 시스템 • 쿨블루 데이터 센터 • 진척된 에너지 모형과 발견 • 지능형 자원 지도	• 대중을 위한 지점 없는 은행 • 소중규모 사업의 세계화를 위한 광범위한 서비스 • 소규모 사업 창업 • Business-in-a-box • 셀 방식 지갑 • 전자계산서 • 지능형 눈, 지능형 인사이트

자료 : "An Inside View of IBM's 'Innovation Jam'" (2008), *MIT Sloan Management Review*, Fall, [《동아비즈니스리뷰》 번역본 재인용].

얻어진 다양한 아이디어를 확장·발전시킨 개념이다. 그 밖에 실시간 통역 서비스Real-time Translation Services, 통합 교통정보 시스템Integrated Mass Transit information System, 정보관리 서비스Digital Me 등 2000년대 이후 IBM이 중점적으로 추진하고 있는 신사업 아이디어들이 모두 여기에서 도출되었다.

이노베이션잼의 가장 큰 특징은 브레인스토밍의 원리를 완벽히 구현했다는 데 있다. 즉 아이디어의 제약이 없고 비현실적인 아이디어라도 모두 접수된다. 다만 IBM의 텍스트 분석 프로그램 및 50여 명의 임원진과 분석가들이 올라온 아이디어를 철저히 검토하고 분석하여 핵심적인 아이디어를 선정하고, 아이디어가 구체화될 수 있도록 방향을 제시하면서 다듬어간다.

이노베이션잼 과정에서 IBM은 먼저 지속적인 협업 프로세스가 작동하도록 아이디어의 명확한 목적을 공유하고 협업 프로세스를 미리 구성하며, 검토할 주제와 카테고리를 사전에 설정하는 과정을 준비한다. 즉 다양한 아이디어가 방향성 없이 나열되는 것을 방지하고, 직원들이 상상의 나래를 펼칠 수 있도록 충분한 정보와 통계를 제시한다. 예를 들어 2006년 이노베이션잼에서는 6개의 카테고리와 25개의 기술을 토론의 키워드로 제시하고, 각각의 토론 주제에 대해서는 웹사이트를 따로 개설하여 방대한 양의 정보와 통계 수치를 제공했다. 이를 통해 수십만 명의 직원들이 신사업 아이디어의 수준을 높이고 구체화한다.

IBM의 이노베이션잼은 혁신적인 신사업 아이디어의 조건에 대해 중요한 사실을 알려준다. 처음부터 완벽한 아이디어란 존재하지 않으며, 혁신적인 아이디어일수록 끊임없는 토론과 협업 프로세스를 통해 위대한 혁신으로 재탄생할 수 있다는 점이다. 이것은 IBM을 끊임없이 움직이게 하는 중요한 동력이다.

IBM 변신의 강력한 무기, 혁신문화

IBM은 변신추진 과정에서 자사가 보유한 혁신문화와 기술적 강점을 최대한 활용한다. 전술한 것처럼 세상의 미래상과 중요한 트렌드를 예측하며, 이에 따라 변신의 방향을 설정하고 기술을 획득한다. IBM이 기술과 신사업을 획득하는 방법은 전통적으로 자체 기술에 의거해왔다. IT서비스기업이면서도 물리, 화학, 바이오 전반에 걸쳐 어마어마한 수의 특허를 보유하고 있으며, 세계적인 노벨상 수상자를 다수 배출한 IBM의 자체 기술개발력에 대해서는 이견이 없다. 그러나 IBM은 2000년대 이후 다양한 기술자본을 획득하기 위해 내부에서뿐만 아니라 외부까지 통로를 확대하는 모습을 보이고 있다. FOAKFirst of a Kind는 새로운 비즈니스 기회를 잡기 위해 처음부터 고객과 함께 공동으로 진행하는 연구 프로그램으로, 주로 서비스나 소프트웨어 분야에서 이루어진다. FOAK의 진행방식은 솔루션을 개발할 때 IBM은 자금과 기술을, 고객은 약간의 자금과 시간을 제공하여 솔루션을 공동으로 개발한 후, 솔루션 자체는 고객이 보유하고 지적재산권은 IBM이 갖는 방식이다.

한편 IBM 역시 성장방향에 맞춰 사업개발을 담당하는 상설조직을 운영하고 있다. 이를 통해 끊임없이 피인수기업 후보를 물색하고 M&A를 단행한다. 본부 재무팀 소속의 전사개발Corporate Development 부문을 운영하면서 2000년 들어 약 100건의 M&A를 진행하고 있으며, 2015년까지 약 200억 달러 규모의 M&A를 추진하여 연평균 2%p 이상 매출성장률을 높일 계획이다.

이처럼 IBM은 변신을 위해 막강한 지적 자본을 보유하고 있으며, 이를 유지하기 위한 강력한 프로세스도 갖추고 있다. 미래 트렌드를 예측하고 이를 위해 단기적인 관점에 매몰되지 않고자 내외부의 지식을 흡수하는 IBM은, 끊임없이 새로운 변신을 모색하며 비즈니스계에서 100년을 넘어 영속할 수 있을 것으로 기대된다.

IBM은 1911년 창립 이후 무려 100년 동안 전 세계에 지대한 영향을 끼친 IT기업이다. 1950년대부터 1980년대 까지는 메인프레임과 PC의 세계 최강자로 군림한 IT기업이 었으나, 현재 세계 최대 IT서비스기업으로 변신하는 데 성 공했다.

1911년 천공카드를 고안한 H. 홀레리스가 창업한 CTR 사에서 출발했으며, 트랜지스터 계산기, 반도체 시스템, 엑

: 그림 9 : **경영실적**

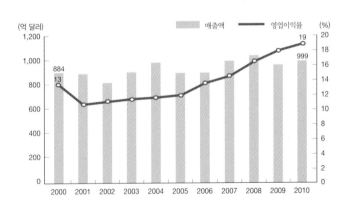

자료 : Thomson One Banker DB를 활용하여 작성.

시머레이저, 나노튜브, PC, 관계형 데이터베이스, SiGe(실리콘－게르마늄) 등 무수한 혁신제품으로 세상이 한 단계 진일보하는 데 혁혁한 공을 세웠다.

　서비스기업으로 변신한 이후 IBM은 도시, 에너지, 교통 등 전 지구적 인프라가 고도화, 지능화된다는 '스마트 플래닛'을 전사적 전략방향으로 천명하고 다시 한 번 무게중심을 이동 중이다.

∶ 그림 10 ∶ 사업구조 변화

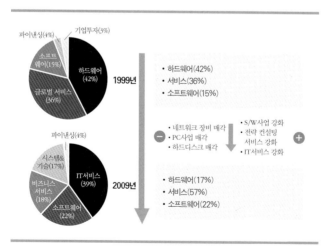

자료 : Thomson One Banker DB를 활용하여 작성.

03

듀폰
300년 기업을 꿈꾸는 변신의 귀재

변신 DNA가 각인된 거대 기업

장수기업의 조건은 무엇일까? 세계 최장수기업들을 조사해 보면 음식·숙박업 등 세월 변화에 영향을 덜 받는 업종에서 비교적 소규모의 가업이나 조합 형식으로 유지되고 있는 경우가 대부분이다. 100년 이상의 역사를 지닌 기업 가운데 89.4%가 종업원 300명 미만의 중소기업이라는 통계만 봐도, 덩치가 큰 기업일수록 성공적으로 오랜 세월에 걸쳐 생존하기가 대단히 어려움을 알 수 있다.

그런데 무려 종업원 7만 명, 매출액 380억 달러(2011년 기준)의 거대한 덩치를 유지하면서도 200년 역사를 넘긴 기업이 있다. 바로 미국 최대 화학회사인 듀폰E. I. Du Pont de Nemours and Company이다. 1802년 설립되어 수많은 산업이 명멸한 19세기와 20세기에 걸쳐 미국의 대표기업 중 하나로 화려한 시절을 보냈으며, 21세기에 들어선 오늘날에도 그 활력을 유지하고 있는, 그야말로 경이로운 기업이라 할 수 있다.

더욱 놀라운 것은 200년이 넘는 역사 속에서 화학 관련 제조업의 큰 틀을 유지하면서도, 시대의 발전과 함께 제조 품목은 끊임없이 변화해왔다는 점이다. 19세기 초 설립 당시에는 화약을 제조하는 회사였으나, 20세기 들어서는 합성고무(네오프렌), 폴리에스테르 등을 시작으로 희대의 발명품인 나일론을 통해 합성섬유 기업으로 변모했다. 그런가 하면 21세기인 오늘날에는 어느새 합성섬유는 주력제품군에서 모조리 빠지고 대두, 옥수수 등의 종자사업이 가장 큰 부분을 차지하는 기업이 되었다. 화학기업으로서의 과학 및 공학 역량을 유지한 채 기술진보와 산업수요의 변화에 부응해 끊임없이 변신해왔다는 증거이다.

그렇다면 '거대 기업은 공룡처럼 점점 둔해지고 시대 변화를 따라잡지 못해 전환기에 쉽게 망해버린다'는 통념을 깨고, 듀폰이 이토록 성공리에 변신을 거듭할 수 있었던 이유는 무엇일까? 그 비결에 접근하기 위해서는 듀폰의 사업전략 수립 프로세스 및 조직문화 속에 뿌리박힌 '변신의 DNA'를 이해해야만 한다. 이를 위해 듀폰이 그간 이루어온 변신의 역사를 우선 살펴보기로 하자.

군납업체로 순조롭게 출발

듀폰은 이름에서도 드러나듯 프랑스 자본에 의해 설립된 회사였다. 창립자인 엘뢰테르 이레네 뒤퐁Eleuthère Irénée du Pont은 프랑스 출신의 화학자로서, 프랑스 육군 조병창造兵廠에서 화약 제조와 관련된 업무에 종사해왔다. 그러다 프랑스 혁명의 소용돌이 속에서 가족이 반혁명분자로 숙청당할 위기에 몰리자 미국으로 이주했다. 그는 미국에서 사냥을 즐기다가 미국제 화약의 질이 매우 나쁜 것을 알아채고 새로운 사업기회를 감지했다. 그리고 프랑스 자본과 설비를 도입해 1802년부터 화약사업을 벌이게 되었다. 프랑스의 앞선 기술로 생산된 화약은 곧 그 품질을 인정받았고 미국 육군에도 대량 납품되었다. 특히 1811~1813년에 걸친 영국과의 전쟁 시기에 주문이 폭발적으로 증가했으며, 그 기회를 놓치지 않고 지속적으로 설비를 확장하여 미국 최대의 군납 화약업체로 도약했다. 그 결과 남북전쟁 시기에는 연방군(북군) 화약 공급의 절반을 담당할 정도였다.

19세기 듀폰 사는 이처럼 탄탄한 군납 수요를 등에 업고 순조로운 성장을 거듭했다. 그러나 20세기 초에 이르자 과도한 화약 분야의 지배력으로 인해 셔먼 반독점법의 제재를 받게 되었다. 록펠러의 스탠더드오일이 그러했듯 기업에 강제 분할 명령이 내려지면서 허큘리스 화약과 아틀라스 화약이 떨어져나가게 되었다.

기업 혁신역량에 대한 선구적인 투자

강력한 자본에 의한 시장독점 우위가 정부의 규제로 사라지자 듀폰은 다시 경쟁사를 압도하는 품질혁신과 다각화에 관심을 기울이기 시작하여, 1903년 델라웨어 주 윌밍턴에 기업연구소DuPont Experimental Station를 설립하고 연구개발 활동을 본격화했다. 당초에는 화약재료인 셀룰로오스를 심층적으로 연구하기 위해 출발했지만, 점차 조직이 확대되면서 1927년에는 물리화학, 유기화학, 물리학, 화학공학 등 다양한 관련 분야에 대한 연구 기능까지 지원했다. 화학을 중심으로 다양한 기초 및 응용연구를 수행하면서 그 성과물을 혁신적인 신제품으로 연계시키는 현대적인 기업 R&D의 기반을 마련한 것이다.

이러한 연구개발 역량의 축적이 본격화되면서 1930년 무렵부터 듀폰은 화학공업의 역사에 길이 남을 신제품들을 쏟아내기 시작했다. 그 첫 타자가 합성고무 네오프렌[5]이었다. 이는 원래 노틀담 대학의 화학교수였던 줄리어스 뉴랜드가 아세틸렌 연구를 하면서 만들어낸 비닐아세틸렌이 천연고무와 비슷한 성질을 가진 것을 발견하면서 시작되었다. 듀폰의 과학자들은 그 가능성을 보고 특허권을 사들여서 뉴랜

---

5 1931년 시판 당시에는 '듀프렌Duprene'이란 이름으로 생산을 시작하여 듀폰 내부에만 공급했으나, 이후 공정을 개선하고 '네오프렌Neoprene'으로 개명하여 외부에도 판매하기 시작했다.

드 교수와 공동으로 이를 더욱 발전시키고 대량생산 공정을 개발해냈다.

여기서 결정적인 공을 세운 듀폰의 과학자가 윌리스 캐러더스Wallace Carothers였다.[6] 캐러더스는 일리노이 대학에서 박사학위를 받고 하버드 대학에서 강사로 일하다가 듀폰에 합류한 화학자로, 듀폰에서 고분자화합물 연구팀을 이끌며 다양한 신물질들을 연구했다. 그의 연구팀은 네오프렌 개발에서 그치지 않고 폴리에스테르, 폴리아미드 등 오늘날 의류와 그 외 다양한 분야에서 널리 쓰이는 합성섬유용 물질 연구를 지속했다. 이 과정에서 팀원이었던 줄리언 힐Julian Hill이 실험 도중에 실패했다고 생각된 찌꺼기를 가열해서 휘저어보다가 실처럼 가늘게 계속 늘어나는 현상을 발견했다. 캐러더스는 이 사실을 놓치지 않고 이 물질에 대한 연구를 지속했고, 그렇게 해서 개발된 신물질이 바로 20세기 최고의 합성섬유 중 하나인 '나일론'이었다.

네오프렌, 나일론 등의 혁신제품으로 화약 이외의 화학공업에서도 듀폰의 위상이 크게 성장했다. 제2차 세계대전이 터지면서 군수물자 수요는 폭발적으로 증가했지만 기존

---

6 캐러더스는 10여 년 동안 듀폰에 재직하면서 위대한 업적을 남겼으나, 동시에 심각한 우울증을 앓았다. 결국 1937년 필라델피아의 호텔방에서 자살로 41세의 짧은 생을 마감했다.

의 천연고무와 천연섬유로는 이를 충당하기 어려웠다. 듀폰은 자사의 합성고무와 합성섬유로 이 공백을 성공적으로 메꾸면서 주요 군수업체로서의 역할을 톡톡히 해냈다. 아울러 원자폭탄 개발 프로젝트인 '맨해튼 프로젝트'에서도 플루토늄 분리에 필요한 여러 기술적 장벽을 넘는 데 커다란 기여를 했다.

이러한 국방에의 기여는 전후에도 이어져 듀폰은 각종 특수한 요구에 부응하는 소재들을 개발해냈다. 방탄복 소재로 유명한 케블라를 비롯하여, 방화복 소재 노멕스, 스판덱스의 원조 라이크라 등이 1950~1960년대에 쏟아지면서 아폴로 계획 등 우주개발 사업에서도 널리 쓰였다. 이외에도 다양한 질감의 민간용 합성섬유 히트상품을 계속 출시하며 듀폰은 군수용, 민간용에 걸친 다양한 제품군으로 탄탄히 성장할 수 있었다.

여기서도 확인할 수 있는 중요한 점은, 듀폰은 경쟁사들이 위축되는 시기에도 아랑곳하지 않고 혁신역량 강화에 투자해왔다는 것이다. 윌밍턴의 연구소 범위를 대폭 확대하고 다방면의 인재를 충원한 지 얼마 되지 않은 1929년부터 대공황이 몰아닥쳤다. 경쟁사들이 대부분 미래를 위한 투자에 나서지 못하던 이런 시기에도 듀폰은 연구개발 예산을 아끼지 않았다. 당시 듀폰도 매출이 15%나 줄어드는 어려운 상황이었지만, 연구개발을 변함없이 지속한 결과 이어진 전시

호황에서 승승장구할 수 있었다. 이러한 역발상의 투자전략이야말로 듀폰의 변신을 지탱해왔던 핵심요인 가운데 하나라 할 수 있다.

전방위 다각화로 변신 시도

그러나 항상 잘나갈 수만은 없었다. 듀폰에도 1970년대 들어 다시 위기가 찾아왔다. 위기는 합성섬유의 수요정체와 공급과잉 그리고 석유파동 등으로 인한 원가상승 등이 겹치며 일어났다. 합성섬유의 비중이 절대적으로 높던 듀폰으로서는 심각한 상황이 아닐 수 없었다. 1979~1980년에 걸친 화학업계의 불황 국면에서 듀폰이 입은 타격은 제법 컸다.

1980년대 듀폰은 들어 다른 미국기업들과 마찬가지로 다각화를 통해 위기를 극복하고자 했다. 그 대상 중 하나가 에너지 산업이었다. 1970년대 두 차례의 석유파동을 겪으면서, 듀폰은 상류부문(석유 탐사 및 개발)에서 안정적으로 원료를 공급받을 수 있어야 수익성을 유지할 수 있음을 절감했기 때문이다. 그 대상으로 듀폰은 코노코 사에 주목했다. 코노코는 1875년 유타 주에서 콘티넨털오일로 출발한 기업으로, 이미 1970년대부터 듀폰과 긴밀한 관계를 맺어오고 있었다. 당시 코노코는 확보하고 있는 자원 등은 풍부한데 기업의 덩치는 그다지 크지 않아 몸집을 불리려는 많은 기업들의 매수 대상으로 물망에 오르내리고 있었다. 특히 석유

업계의 핵심 메이저 중 하나인 모빌과 주류업계의 강자 시그램이 눈독을 들이고 있었다. 시그램은 막대한 현금을 이용해 코노코 주식을 계속 사들여 지분을 32.3%까지 확대한 상황이었다.

다각화를 추진하는 듀폰과 적대적 M&A를 피하려는 코노코의 이해는 이런 상황에서 잘 맞아떨어졌다. 듀폰은 코노코의 백기사로 나서 시그램과 지분 확보 전쟁을 벌였다. 1981년 양사의 치열한 매수 시도 끝에 듀폰은 자사 지분 24.3%를 시그램에 넘기고, 대신 코노코 지분을 전량 인수하여 당시로서는 역대 최대인 76억 달러 규모의 M&A를 성사시켰다. 이로 인해 코노코는 듀폰의 완전 자회사가 되었다.

또 한편으로 듀폰은 석유화학 부문의 의존도를 낮추고자 당시 서서히 각광받고 있던 의학, 생명공학, 농업화학 분야로 진출하기 시작했다. 전자재료 분야로도 진출해 전자산업에 쓰이는 다양한 부품 재료들을 공급했다. 이 과정에서 핵심 기업들은 적극적으로 인수하고, 부차적인 영역에서는 다른 유수기업들과의 합작법인을 통해 뻗어나가는 전략을 구사했다.

적극적으로 다각화 전략을 추구한 결과, 1980년대 중반 듀폰은 화학섬유, 석유를 중심으로 무려 90여 개 사업부문을 영위하게 되었다. 그 밑바탕에는 연간 10억 달러가 넘는 연구개발 예산과 6,000명이 넘는 연구개발 인력이 있었다.

핵심으로의 복귀와 변신방향 조정

그러나 듀폰은 1980년대 후반부터 과도한 다각화 문제를 조금씩 인식하게 되었다. 제품영역이 지나치게 넓어지면서 일관된 품질관리가 어려워져 그간 듀폰의 명성에 누를 끼치는 불량 문제도 간간이 발생했다. 무엇보다 수익성이 제각각인 사업부들이 혼재되어 있다 보니 관리의 어려움은 가중되고 경영 효율도 떨어졌다. 적극적으로 추진했던 신사업들도 수익이 기대에 못 미치는 경우가 대부분이었다. 1990년을 전후해 경기가 다시 하강국면에 들어서자 전체적인 이익률도 크게 떨어졌고, 듀폰 경영진의 위기감도 고조되었다.

이에 듀폰 경영진은 사업구조조정을 통한 '핵심으로의 복귀'와, 인력 구조조정을 통한 효율성 제고를 추진했다. 듀폰이 주목한 핵심은 여전히 수익성이 좋던 화학제품과 합성섬유였다. 제약업의 경우에는 미래 신사업으로 의욕적으로 추진했으나 수익성이 개선되지 않자, 사업부를 떼어낸 다음 1991년 머크와 합작으로 듀폰-머크 제약을 출범시켜 해외시장 공략에 집중하는 쪽으로 방향을 전환했다. 의료제품이나 석탄사업 등에서는 완전히 철수했다. 또한 핵심사업인 합성섬유 내에서도 아크릴계 섬유 부문은 완전히 매각하고, 대신 나일론, 폴리에스테르 등의 부문을 더욱 강화하여 선택과 집중을 분명히 했다.

인력 구조조정 작업도 진척되어 1991년 13만 3,000명에 달하던 인력을 서서히 축소하여 1996년에는 9만 7,000명까지 감축하고, 조직 계층도 대폭 줄였다. 대신 전 종업원에게 600주의 스톡옵션을 주고, 임원들은 연봉 이상의 듀폰 주식을 보유하게 하여 사기 진작과 일체감 조성에 노력했다.

이러한 결과 1990년대 중반 듀폰의 수익성은 크게 개선되었다. 1993년에는 순이익 6억 달러로 크게 고전했으나, 1994년에는 순이익 27억 달러로 급반전한 것이다. 이러한 막대한 수익을 이용해 듀폰은 지배구조 개선에 나섰다. 앞서 코노코 인수과정에서 시그램이 확보한 자사의 지분을 재매수한 것이다. 1995년 재매수에 들인 비용은 88억 달러나 되었지만, 1996년에도 36억 달러의 순이익을 내면서 비용 조달은 원활히 이루어졌다. 특히 이러한 조치는 새로운 변신을 위한 정지 작업으로서 매우 중요한 의미를 가졌다. 주류업을 영위하며 다분히 보수적인 경영 스타일을 가진 시그램이 대주주로 있는 한 도전적인 변신과정에서 많은 충돌이 예상되었기 때문이다.

농생명공학 기업으로 변신

이런 가운데 1998년 찰스 홀리데이Charles O. Holliday가 듀폰의 18대 CEO에 취임했다. 1970년부터 듀폰의 엔지니어로 근무해온 그는 더욱 도전적인 변신, 즉 생명공학을 중심으로 한 기업으로의 진로를 꿈꾸고 있었다. 석유화학, 화학섬유 등은 효율이 높은 최신 설비로 무장한 신흥국들이 쉽게 쫓아올 수 있으므로, 여기에 안주하는 것은 매우 위험했다. 이럴 때일수록 듀폰의 혁신역량을 충분히 발휘할 수 있는 새로운 사업이 필요했다. 생명공학 분야는 미래 사업성은 물론 화학, 화학공학, 물리학 등 듀폰이 갖춘 역량과도 잘 맞아떨어졌다. 홀리데이는 이제 이 방향으로 변신을 단행할 만큼 여건이 성숙했다는 판단을 내렸다.

변신의 방향이 서면 현재 그리 나쁘지 않은 수익을 내는 분야도 정리하는 결단이 필요하다. 홀리데이는 그 대상으로 코노코부터 처리했다. 코노코는 듀폰과 20여 년을 같이하며 한때 상당한 수익을 안겨주기도 했고, 여전히 많은 자원을 갖고 있는 유망한 기업이었으나 경기 순환주기에 민감하다는 문제가 있었다. 또한 업의 성격이나 기업문화 역시 생명공학 중심 기업과는 체질적으로 달랐다. 마침 코노코도 분리 독립을 추진하고 있었으므로 양사의 합의는 쉽게 이루어졌다. 듀폰은 코노코를 독립시키기 위해 1998년 초부터 단계적인 매각 절차에 들어갔다. 우선 당시 역대 최대였던 44억 달러 규모의 기업공개IPO를 단행해 30%의 지분을 매각했다. 이어 1999년에는 나머지 70%의 지분까지 매각하여 에너지 산업에서 완전히 손을 뗐다.

홀리데이는 코노코 매각으로 확보한 자금을 변신 작업에 투자했다. 특히 옥수수 종자 분야의 강자였던 파이오니어 하이브레드 사를 표적으로 1998년 지분 20%를 17억 달러에, 1999년에는 잔여 지분 80%를 77억 달러에 매수했다. 종자산업은 전 세계적인 인구폭발 속에서 새로운 녹색혁명이 간절히 요구되는 분야였으며, 생명공학을 이용한 유전자변형GM 작물이 미래 혁신상품으로 주목받고 있었다. 한때 미국 화학업계의 주요 기업이던 몬산토가 종자기업으로 급변신하고 있던 와중에 듀폰도 파이오니어를 인수함으로써 그 대열에 동참했다.

이와 함께 제약업은 다시 사업구조조정에 들어갔다. 전통적인 고분자화합물에 의한 제약업은 이미 경쟁이 치열해 레드오션화되고 있었다. 새로운 바이오제약업은 유망하기는 했으나, 듀폰의 역량으로는 선도기업들의 경쟁우위를 따라잡기에 다소 한계가 있어 보였다. 듀폰은 우선 머크와의 합작으로 출범시켰던 듀폰-머크 제약의 머크 지분(50%)을 1998년 26억 달러에 인수하여 다시 완전 자회사로 만들었다. 그리고 2001년에는 이 사업부 전체를 매각해버림으로써 농생명공학 분야로의 집중을 더욱 명확히 했다.

홀리데이는 이어 20세기 듀폰의 핵심사업이었던 화학섬유사업 정리에 나섰다. 수익성이 떨어지기 시작한 범용 화학섬유사업은 분사시키고, 아직 수익성이 높고 경쟁우위도 분명한 특수 소재에 집중하기로 한 것이다. 결국 듀폰은 2003년 이들 사업을 인비스타로 분사시키며 손을 떼어버렸다.

이러한 과감한 변신의 행보는 많은 이들을 놀라게 하기에 충분했다. 시대를 풍미했던 듀폰의 대표상품 나일론, 스판덱스 등은 물론 쿨맥스, 라이크라, 서모라이트 등 다양한 기능성 섬유들까지 듀폰의 상품군에서 떨어져나갔기 때문이다. 홀리데이 CEO 등 듀폰의 임원 대다수도 바로 이러한 섬유사업에서 배출된 인물들이었다. 사내에서 마피아란 소리를 들을 정도로 공고한 기득권을 가진 사업부 출신들이 스스로 출신 사업부를 분사시키는 결단을 내린 것이다. 이제 듀폰을 화학섬유산업의 대표기업으로 지칭하던 것은 과거의 일이 되었다. 동시에 듀폰은 20세기의 유산을 스스로 던져버리고 21세기형 사업구조를 가진 기업으로 자리 잡았다.

그 결과 듀폰은 불황에도 더욱 강하고 탄탄한 기업으로 거듭나게 되었다. 2007~2008년 글로벌 금융위기의 파고가 높아지고 시장이 위축될 때도 듀폰은 굳건히 버텨나갔다. 글로벌 금융위기가 한창이던 2009년 초, 매출이 전년 대비 20%나 떨어질 때에도 종자 등 농생명공학 부문은 꾸준히 이익이 증가하여 든든한 버팀목이 되었다. 또한 반대로 농생명 부문이 주춤할 때에는 전자통신소재, 도장재료 등의 사업이 회복세를 보이며 안정된 실적을 견인했다. 오늘날 듀폰은 2009년 말 홀리데이 후임으로 CEO에 오른 엘렌 컬먼Ellen J. Kullman의 지휘 아래 성공리에 경제위기를 극복하며 순항하고 있다는 평가이다.

변신 성공 비결 ① 변신은 숙명

듀폰은 왜 성공할 수 있었던 것일까? 그 이유는 여러 가지가 있겠지만 가장 큰 이유로는 최고경영자부터 전체 임직원에 이르기까지 변신을 숙명으로 받아들이고 직시하는 자세가 확립되어 있는 점을 꼽을 수 있다. 2000년대 듀폰의 변신을 주도한 홀리데이 회장은 일찍이 다음과 같은 말을 했다.

> 변신을 시도하면 생존할 확률이 60~70%지만, 변신하지 않으면 반드시 죽는다.

사실 기업이 사업변신을 시도할 때 반드시 성공하리라는 보장은 없다. 미래 전망을 비관적으로 보고 버린 사업이 시간이 지나서 오히려 잘나갈 수도 있으며, 의욕적으로 뛰어든 신사업이 애물단지로 전락하는 경우도 종종 있다. 듀폰만 하더라도 코노코를 매각할 당시에는 1990년대처럼 저유가가 지속될 것이라고 예상했으나, 결과적으로 2000년대 들어 유가는 천정부지로 뛰어 코노코의 가치는 매각 이후 더 올라갔다. 반면 1990년대 큰 기대를 걸었던 제약사업은 결국 수익성 부진으로 철수해야 했다. 거대 기업일수록 변신에 나서고자 할 때 이러한 부정적인 전망을 들며 현실에 안주하려는 관성이 작동하게 마련이다.

그러나 이러한 일부의 위험에 지나치게 매몰되다 보면 정작 변신의 필요성에는 눈이 멀게 된다. 화학섬유는 오히려 적시에 매각하여 이후 중국 등 신흥국 경쟁자들의 추격을 뿌리칠 수 있었다. 만약 듀폰이 당시의 사업구조를 그대로 끌고 갔다면 더 큰 수익성 악화로 고전했을 것이다. 오히려 다소 손해를 보는 감이 있더라도 코노코를 적시에 매각했기에 그 자금을 파이오니어 인수에 투입하여 일거에 종자시장의 주도 기업으로 나설 수 있었다.

이러한 실패를 두려워하지 않는 문화는 경영진뿐 아니라 일반 임직원에게도 강조된다. 듀폰의 CIOChief Innovation Officer(최고 혁신 임원) 토머스 코넬리Thomas M. Connelly 부회장은 "조직 안에서 '실패해도 된다'는 분위기를 만드는 게 혁신의 비결"이라면서 "진정한 혁신은 실패 뒤에 온다"고 강조하기도 했다. 성공을 위해 어느 정도의 실패는 불가피한 것이며, 다만 값싸게 빨리 실패하는 것이 더욱 이익이라는 듀폰의 문화를 그대로 대변하는 말이라 할 수 있다.

변신 성공 비결 ② 변신은 연속적인 과정

듀폰이 화학섬유기업에서 농생명공학기업으로 정체성이 결정적으로 바뀐 시기는 2000년대 중반의 수년간이다. 그러나 그것은 겉으로 드러난 사업구조의 모습일 뿐, 밑바탕에서의 준비는 훨씬 길고 연속적으로 이루어져왔다.

우선 듀폰은 특유의 '연구개발 파이프라인'을 운영하고 있다. 이는 연구개발에서 처음 아이디어가 생성되고 발전하여 신제품으로 출시될 때까지의 흐름을 체계적으로 관리하여 매년 혁신제품이 끊이지 않도록 한다는 것이다. 세부 프로세스는 다음과 같다.

❶ 아이디어 생성(6~10년) → ❷ 실현 가능성 시험(4~6년) → ❸ 시제품 개발(2~4년) → ❹ 초기 상업화(0~2년) → ❺ 혁신제품 출시

듀폰은 세계 최고 수준의 연구개발 역량을 갖추고 이러한 파이프라인 관리를 통해 매년 출시된 지 5년 이하의 신제품 비중을 30% 이상으로 꾸준히 유지하고 있다. 이것은 짧게는 10년, 길게는 20년 앞을 대비한 긴 호흡으로, 미래 사업을 조망하고 준비하는 작업이 체질화되어 있음을 의미한다. 이 과정에서 혁신제품이 나오기 어렵거나 발전의 한계에 부딪힌 사업을 미리 파악할 수 있을 뿐 아니라, 전혀 새로운 사업영역을 탐구해야 하는 필요도 잡아낼 수 있다. 이와 같은 준비과정과 폭넓은 안목 없이 거대한 기업이 어느 날 갑자기 변신에 나서겠다고 한다면, 그것은 도박이나 다름없을 것이다.

변신을 준비하는 연속성은 후계 CEO를 키워내는 과정에서도 발견된다. 듀폰과 같은 독특한 혁신문화를 담고 있는 기업들에 있어 이를 계승·발전시킬 수 있는 인재 육성은 실

로 중차대한 일이다. 듀폰은 전문경영인 체제를 유지하면서
도 일반적인 미국기업과는 달리 CEO의 내부 승진을 원칙으
로 한다. 전임 CEO 찰스 홀리데이는 물론, 현 CEO 엘렌 컬
먼도 듀폰에서 20년 이상 잔뼈가 굵은 인물이다. 그리고 항
상 현임 CEO는 미래 CEO 후보군을 미리 지목하고 그들에
게 폭넓고 도전적인 경험을 부여하여 체계적으로 훈련시킨
다. 그럼으로써 듀폰의 문화를 뿌리부터 잘 이해하고 전사적
인 비전을 계승하며, 과감하지만 모두가 공감할 수 있는 변
신을 주도하는 CEO로 키워내는 것이다. 듀폰의 200년 역사
상 첫 여성 CEO인 컬먼이 글로벌 금융위기라는 어려운 시
기에 취임했어도 성공리에 기업을 끌고 나가며 변신을 지속
하는 것은 이러한 준비된 인재이기에 가능한 일이다.

　변신은 단발성의 즉흥적 이벤트가 아니다. 한 기업의 변신
에는 변신을 실행할 인재와 그들의 마인드, 그리고 업무 프
로세스가 장기적인 비전에 입각해 연속적으로 굴러가는 밑
바탕이 반드시 필요하며, 그럴 때만이 성공 가능성과 효과
가 극대화된다.

변신 성공 비결 ③ 기업을 초월하는 가치 추구

듀폰이 찰스 홀리데이 이후 내세운 새로운 기업의 정체성은
'시장주도 과학기업Market-Driven Science Company'이다. 시장을 주도
한다는 의미가 아니라, 시장의 필요에 의해 기술과 제품의

연구개발 방향을 잡아나간다는 뜻이다. 연구역량이 우수한 기업들은 많다. 하지만 그런 기업들 중 많은 수가 제대로 히트상품을 내놓지 못한 채 실패하곤 한다. 연구소 속에 갇혀 있다 보면 시장의 니즈와 괴리된 채 자신 또는 기업 내부의 만족만을 추구하는 '연구실의 덫'에 빠지기 때문이다.

듀폰은 이러한 폐쇄성이야말로 기업의 창의와 혁신, 나아가 변신을 가로막는 걸림돌이라고 여긴다. 연구원들도 영업 일선의 비즈니스맨들과 경험을 공유하게 함으로써 '팔릴 수 있는 기술'을 만드는 감각을 키우는 데 주력한다. 또 기술 유출의 우려를 내세워 감추기에 급급하지 않고, 오히려 빨리 고객들에게 공개하고 그들의 피드백을 수렴하여 더욱 좋은 제품으로 만들어간다. 이 과정에서 항상 외부의 시각을 수렴하고, 왜 변해야 하는지를 각성할 수 있게 된다. 그리고 이것이 궁극적으로 변신에 동참하게 만드는 기반이 되는 것이다.

이러한 '시장주도' 기반 아래서 전사적으로는 '과학을 이용한 창의적 문제해결'을 강조한다. 듀폰은 자사가 해결해야 할 4대 경영비전을 다음과 같이 제시하고 있다.

① **식량 생산성 증가**(Increasing Food Productivity)
더 이상의 환경 파괴적인 경작지 확대 없이도, 인류의 늘어나는 식량 수요에 부응할 수 있는 고생산성 작물 개발

② **화석연료 의존 감소**(Decreasing Dependence on Fossil Fuels)

지구 환경을 파괴하는 화석연료 의존도를 낮추기 위해 태양에너지 기술 개발

③ **생명 보호**(Protecting Lives)

군수 · 민수용 방호 분야에 활용가치가 높은 케블라Kevlar®, 노멕스 Nomex® 등 고강도 섬유소재 지속 개발

④ **신흥시장에서의 성장**(Growing in Emerging Markets)

글로벌 신흥시장 점유율 확대를 위해 적극적인 혁신 추진

여기서 내세우는 기아 해결, 화석연료 감축, 인간과 환경 보호 등의 현안은 한 기업 수준의 문제가 아니라 전 세계가 부딪힐 수밖에 없는 거대한 문제이다. 듀폰은 이러한 큰 그림 속에서 특정 영역에 종속되지 않는 폭넓은 과학역량을 발휘하여 해결책을 앞서 찾아내고 공급함으로써 존속하겠다는 것이다.

이처럼 기업은 피상적으로 변신을 논하기 전에, 과연 변신을 통해 무엇을 이루어낼 것인지 충분히 숙고해야 한다. 그것은 한 기업으로서의 좁은 시야를 벗어나, 더욱 큰 틀에서 외부의 시선으로 기업의 존재가치를 바라볼 때 얻어지는 법이다. 미래의 존재가치에 대한 명확한 비전으로 변신의 방향성을 확보하고 나아갈 때 변신의 성공 확률도 높아진다.

300년 기업을 꿈꾸다

듀폰은 10년 전부터 변신을 시도하여 어느덧 농업 및 대체에너지 사업 중심의 종합과학기업으로 변모했다. 시행착오 끝에 육성해온 농업 부문은 흔들림 없이 건재하여 이제 전체 매출의 30% 이상을 차지하게 되었고, 대체에너지 사업도 2011년에 매출 10억 달러를 돌파했다. 그리고 이러한 방향성을 지속해나가기 위해 오늘날까지 꾸준히 연구개발비 규모를 늘려나가고 있으며, 그 가운데 50%를 농업 부문에, 15%를 대체에너지 부문에 집중하고 있다.

이미 여느 대기업으로서는 꿈꾸기도 힘든 200년 기업의 영광을 넘어섰지만, 듀폰은 거기서 그치지 않고 '300년 기업'을 향해 달려가고 있다. 듀폰이 '300년 기업'이 되는 시점까지 존속한다면 과연 어떤 사업부문을 영위하고 있을지는 알 수 없다. 그러나 분명한 것은 그때가 되더라도 그들은 앞서 설명한 변신의 성공비결을 후임자들에게 전수하면서, 또 몇 번의 변신을 거듭한 모습이 되어 있을 것이란 점이다. 치열한 경쟁환경 속에서 하루하루의 생존을 염려하는 기업들에게 변신을 통해 젊어지고 장수하는 DNA를 내장한 듀폰의 사례는 두고두고 좋은 귀감이 되리라 여겨진다.

듀폰은 1802년 엘뢰테르 이레네 뒤퐁에 의해 창립된 화약회사였다. 그러나 20세기 초 반독점법으로 화약사업의 독점적 시장지배력을 상실하자, 강력한 연구개발 활동을 통해 석유화학, 합성섬유 부문의 혁신제품을 출시하고 이 분야의 강자로 도약한다. 나일론, 네오프렌 등의 대표상품을 유지하며 1980년대부터 다각화에도 적극 나서 1990년대에는 석유탐사개발, 정유 및 석유화학, 합성섬유, 제약 등 에너지및 화학 분야 전반에 걸친 거대 기업이 되었다.

그러나 과도한 다각화로 듀폰 내부의 비효율과 방만한 관

: **그림 11** : **경영실적**

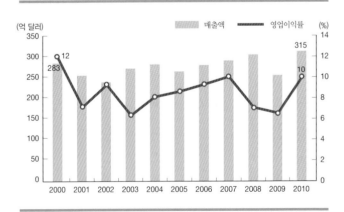

자료 : Thomson One Banker DB를 활용하여 작성.

리, 수익성 악화 등의 문제가 불거졌다. 이를 탈피하기 위해 1990년대 후반부터 대대적인 사업 및 인력 구조조정 작업에 나선 듀폰은 화학기업에서 농생명공학 및 대체에너지를 주력으로 하는 종합과학기업으로 변신했다. 석유 및 합성섬유 등 20세기의 전통 주력제품군을 버리고, 유전자변형 종자, 대체에너지원용 소재, 특수 방호소재 등을 중심에 둔 기업으로 거듭난 것이다. 덕분에 글로벌 경제위기의 곤경도 성공리에 헤쳐나가 2011년에는 매출 379억 달러, 순이익 34억 7,000만 달러를 기록하며 '300년 기업'을 향해 순항하고 있다.

:: 그림 12 :: 사업구조 변화

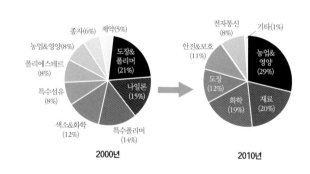

자료 : Thomson One Banker DB를 활용하여 작성.

2

명불허전

名 不 虛 傳

명성대로 위기를 극복하다

길이 막히면 돌아간다

내부역량이 약화되었지만 외부충격이 오기 전에 변신하는 기업은 주로 강력한 경쟁자 때문에 자신의 역량을 발휘하지 못한 기업이다. 만년 2등이긴 하지만 실력이 떨어진다기보다는 제 몸에 맞는 옷을 찾지 못한 기업이라고 볼 수 있다. 이들 기업의 가장 큰 특징은 패배를 인정함으로써 변신의 동

: 표 8 : **명불허전형(2사분면) 기업**

기업명	설립 연도	업종	변신 내용(2000~2010년)
펩시콜라 (미국)	1902년	콜라 → 종합음료	• 콜라시장 만년 2위 인정 • 건강음료, 스낵으로 코카콜라 추월
필립스 (네덜란드)	1891년	생활가전 → 조명 · 의료기기	• 경쟁격화 가전 포기, 신사업 진출 • 지속적인 연구개발
웨스파머스 (호주)	1914년	하드웨어 → 유통	• 2007년 콜스 인수로 단숨에 종합유통그룹 부상
소프트뱅크 (일본)	1981년	지속적인 기업진화	• 정보통신 기반으로 매우 다양한 사업영역을 갖고 있는 복합기업

기와 공감대를 확보한다는 데 있다. 패배를 인정하는 것이 중요한 이유는, 그렇지 않을 경우 자칫 '서서히 가열되는 냄비 안에서 죽어가는 개구리'가 될 수도 있기 때문이다. 2등이긴 하지만 외부충격이 있는 것은 아니어서 그럭저럭 지낼 만하므로 변신동기를 찾는 것이 매우 중요하다. 다행히 여기 속한 기업들은 유수불부형 기업처럼 트렌드 변화를 읽는 눈이 있고, 업계 최고 경쟁력을 갖추지는 못했어도 드러나지 않은 핵심역량을 가지고 있기 때문에 어떻게 변신에 대한 공감대를 조성하고 새로운 승부처를 찾느냐가 관건이다.

이들 기업의 변신전략은 크게 ① 패배를 인정하되 내 안의 보석을 찾는다(강점 재발견), ② 새로운 비전을 제시하고 출발선을 재정렬한다(우회공략)로 요약할 수 있다.

강력한 경쟁자가 늘 내 앞을 막고 있어 아무리 애써도 승기를 잡기 어렵다. 이런 상황에서 내가 최고라는 자존심은 접고 2등이라는 현실을 인정하는 데서 변화가 시작된다. 과거의 영화에 미련을 갖지 않고 '실패'를 인정하는 것이 변신의 출발점인 것이다. 이때 '숨은 자산'을 활용하여 변신의 추진력을 확보하는 것이 중요하다. 원천기술, 고유의 기업문화, 가치평가능력 등 장부상에 나타나지 않는 숨은 자산을 변신의 지렛대로 삼아 출발선을 다잡는 것이다.

다음으로 자신만의 필살기를 토대로 하여 정면돌파보다는 우회공략으로 새로운 사업모델을 전개한다. 이는 '본업이 안

되니 다른 것을 찾는' 식이 아니라 정말로 내가 잘할 수 있는 분야를 모색하는 것이다. 따라서 기업 내 가치연쇄Value Chain 보다는 사업연쇄Business Chain를 중시하는 이異업종 경쟁전략을 구사하게 된다. 그리고 새롭게 정립된 회사의 비전과 전략 방향에 합치하지 않는 사업은 기존의 핵심분야라 하더라도 과감히 정리한다. '버리기'는 사업변신의 공통항목이기도 하지만 여기서는 그 대상에 잘나가던 사업까지 포함한다는 점에서 더욱 중요하다. 또한 변신의 공통수단인 M&A에서는 저평가된 기업을 노리는 가치투자형 M&A가 필요하다. 이때 사업 간 다양성과 독립성을 견지하여 포트폴리오 효과를 극대화한다.

01

필립스
레드오션을 탈출한 '블루스타'

세계 전자업계를 선도해온 화려한 한 세기

필립스는 전 세계 가전업계의 역사를 주도해온 명가名家라 부르기에 손색이 없는 기업이다. 1891년 네덜란드 에인트호번에서 탄소 필라멘트 전구를 생산하는 업체로 첫발을 내디딘이래, 가전업계의 패러다임을 바꾼 숱한 혁신제품을 내놓으며 120년의 역사를 자랑하고 있다. 한 시대를 풍미했던 카세트테이프와 콤팩트디스크CD가 모두 필립스가 제안하고 정착시킨 규격이라는 점만 봐도 이는 분명하다. 그러나 이미우리 주변에서 테이프와 CD가 희미하게 사라져가듯, 전통적인 가전업계에서 필립스의 존재감은 점차 약해지고 있다.

필립스는 1980년대 일본, 1990년대 이후 한국과 대만,

2000년대 이후 중국 전자업체들의 거센 도전을 맞아 전통적인 사업부문에서 고전을 거듭해왔다. 하지만 2000년을 전후하여 과거의 화려한 라인업을 정리하고, 조명기기 및 의료기기를 중심으로 특화된 영역에 집중하기 위해 노력을 기울여왔다. 그 결과 오늘날에는 전 세계 전자산업이 요동치는 격변 속에서도 탄탄한 입지를 구축하고 미래에도 명가로 남기에 손색없는 사업구조로 변신했다.

필립스를 낳은 네덜란드는 전 세계적으로 '강소국強小國'의 대표적 모델로도 유명하다. 면적이 남한의 절반에도 못 미치고 인구도 3분의 1 남짓에 불과하지만, 모두가 알다시피 17세기에는 전 세계를 누빈 최고의 통상국가로서 황금시대를 누린 바 있다. 비록 점차 영국의 위세에 눌려 국제적 위상은 많이 퇴락했어도, 그들의 진취적인 정신은 꿋꿋이 이어져서 산업시대에도 결코 작지 않은 강력한 경제·사회적 저력을 발휘하고 있다. 이처럼 겉보기에는 작아 보이지만 알맹이는 강한 국가, 네덜란드의 위상과 잘 맞아떨어지는 대표기업이 필립스라 할 수 있다.

필립스는 1891년, 오늘날까지 핵심 사업부문으로 이어지고 있는 조명기업으로 출범했다. 히딩크와 박지성이 활약했던 구단 소재지로도 잘 알려진 에인트호번에서 창업자 게라르트 필립스Gerard Philips가 탄소 필라멘트 전구 생산업체를 차린 것이다. 전기조명은 당시 대나무를 탄화시킨 필라멘트 제조기술이 상용화되고, 미국과 유럽 각지에 교류 배전망이 깔리면서 각광받던 성장산업이었다. 이러한 트렌드에 잘 편승한 필립스의 전구사업은 날로 번창하여 1900년 무렵에는 유럽의 3대 전구업체로 도약했다.

필립스는 사업 초기부터 글로벌 시장 진출을 적극 추진해 왔다. 네덜란드 시장은 대단히 협소했기 때문에 글로벌화는 성장을 위한 숙명과도 같았다. 때문에 창업 8년 만인 1899년부터 수출에 진력하여 일본, 호주, 브라질 등 아시아, 대양주, 남미를 가리지 않고 진출했으며, 주요 시장마다 일찍부터 글로벌 현지 판매망을 구축했다. 또한 기술혁신을 조직화하기 위해 1914년에는 기초기술을 망라하는 종합연구소를 설립하여 연구개발 활동에 대한 투자를 늘렸다.

필립스의 성장세는 제1차 세계대전과 함께 더욱 가속화되었다. 당시 네덜란드는 독일과 영국·프랑스 사이에서 중립을 지켜 파괴적인 전화戰火를 피해갈 수 있었는데, 필립스는 대적하는 양 진영에 물자를 공급하면서 사업을 확장해갔다. 1915년에는 전구의 전방 소재사업인 유리 제조사업에, 1918년에는 당시 전기 및 의료기기의 핵심부품으로 부상하고 있던 X선관과 진공관 제조사업에 뛰어들었다. 이러한 조명기기에서 관련 소재 및 전기부품 사업으로의 진출은 종합전자업체로 변모하는 데 지대한 초석이 되었다.

우선 필립스는 X선관 제조를 기반으로 본격적인 X선 의료장비 사업에까지 영역을 넓혔다. 당시 X선 의료장비는 1895년 뢴트겐의 X선 발견 직후부터 상업화에 앞장선 독일의 C.H.F. 뮐러 사가 주도하고 있었다. 이 무렵에는 기업마다 글로벌 사후지원 서비스를 제공하는 데 한계가 있었기 때문에, 뮐러 사의 X선 기기를 사용하던 네덜란드 병원들은 수리에 애를 먹곤 했다. 그래서 이미 X선관을 제작하여 이 분야의 기술력을 갖추고 있는 필립스에 수리를 의뢰했다.

필립스는 이 과정에서 아예 의료기기 사업에 직접 뛰어들기로 하고, 1928년 뮐러 사를 합병했다. 이로 인해 필립스는 의료기기 사업을 영위하며 최고의 X선 관련 장비 기술력을 갖추게 되었다. 오늘날 헬스케어를 주력 사업부로 끌고 갈 수 있던 배경에는 이미 80년 전부터 축적해온 이런 노하우가 있었다.

또한 당대 전자제품의 총아, 라디오에서는 방송과 기기 모두에서 두각을 나타냈다. 필립스는 PCJJ라는 방송국을 설립하고 1927년 3월 11일부터 9930kHz의 단파방송을 송출했다.[7] 이 방송은 지구 반대편의 네덜란드령 동인도(현재의 인도네시아 일대)에서도 청취가 가능한 글로벌 라디오 방송으로

---

7 이 방송국에서 내보낸 〈Happy Station Show〉라는 프로그램은 1946년 이후 라디오 네덜란드로 넘어가서도 방송되었으며, 1995년 폐지되었다가 2009년 부활하여 2012년 5월 현재도 방송 중인 세계 최장수 국제 라디오 프로그램으로 기록되고 있다.

수많은 청취자를 확보했다. 이와 함께 가정용 라디오 생산에도 박차를 가해, 1933년 필립스는 세계 최대의 라디오 생산업체로 도약했다. 그야말로 필립스 진공관이 들어간 필립스 라디오로 필립스 방송을 듣는 라이프스타일이 당대 유럽에 널리 확산되었다. 이미 필립스는 1930년대부터 미디어-콘텐츠와 소재·부품에서 최신 가전제품까지 아우르는 다양한 사업부문을 갖춘 종합기업으로 손색이 없었던 셈이다.

이 시기 필립스의 미래 사업에 대한 준비와 글로벌화도 놀라운 수준이었다. 1920~1930년대 라디오가 대중화된 시기에 선도적인 발명가와 기업들이 주목하던 미래 사업은 텔레비전이었다. 필립스도 1925년부터 TV 실험을 시작하여 1928년에는 공개 시연행사까지 열 정도로 기술을 발전시켰다. 당시 미국의 GE, 독일의 Fernseh, 영국의 BBC 등이 TV 기기 및 방송기술의 첨단에 있었지만 필립스 또한 뒤지지 않는 속도로 나아가고 있었다. 아울러 1930년대 초기 대공황으로 미국과 유럽 각국 사이에 높은 관세장벽이 놓이자 해외 생산기지 구축도 가속화했다.

이러한 미래 기술투자와 글로벌 경영 마인드가 결합된 필립스의 역량은 제2차 세계대전 동안 더욱 큰 힘을 발휘했다. 필립스는 이미 상당한 생산시설과 자산을 해외에 축적해놨기 때문에, 제2차 세계대전 때 본사가 위치한 네덜란드 전역이 독일에 점령되었음에도 경영을 지속해나갈 수 있었다. 창업자 게라르트의 동생 안톤 필립스는 미국으로 피신하여 미국과 영국 지사를 중심으로 영업을 계속했으며, 그의 아들 프리츠 필립스는 네덜란드에 남아 이전이 불가능했던 소중한 기업 자산을 독일 치하에서도 보전했다. 덕분에 폐허가 된 전후 유럽에서도 재빨리 사업을 재건하고, 새로운 부흥의 주역이 된 핵심 전자제품들을 잇달아 선보일 수 있었다. 1949년 네덜란드에서 TV 방송이 시작되는 것에 맞춰 가정용 TV를 시판했으며, 1950년대에는 TV와 각종 가전제품을 북미와 유럽에 공급했다.

전후 필립스의 혁신이 가속화된 것에는 독특한 글로벌 조직이 큰 역할을 했다. 필립스는 해외 계열사를 느슨한 독립법인으로 운영하면서 각 시장 실정에 맞는 독자적인 제품개발 및 영업활동을 할 수 있도록 보장해주었다. 이로 인해 각 현지법인은 소비자 니즈 변화를 좀 더 빠르게 포착하여 경쟁자보다 앞서 히트상품을 개발·투입할 수 있는 아이디어를 공급했다. 예를 들어 필립스의 컬러TV는 캐나다 법인에서 처음 기획·제작되었고, 여기에 스테레오 음향기능을 부가한 TV는 호주에서, 텔레텍스트 기능을 부가한 제품은 영국에서, 스마트카드 기능을 부가한 제품은 프랑스에서 잇달아 출시되었다. 네덜란드 본사 중심으로 TV 기술 플랫폼을 공유하는 지원체계가 잘 잡혀 있었기 때문에 가능한 일이었다. 글로벌 시장 밀착을 통해 필립스의

TV는 1970~1980년대에 걸쳐 상당한 수익원으로 톡톡히 기여했다.

첫 번째 위기 : 일본 전자업체의 부상

그러나 가전명가 필립스의 위상은 일본 전자업체들의 급부상과 함께 흔들리기 시작했다. 일본기업들은 1960년대까지는 저임금을 바탕으로 한 하청생산 및 저가상품 공급자 정도의 위상이었으나, 1970년대를 기점으로 기술력이 급성장하기 시작했다. 구미 선진기업들이 간과해오던 경박단소輕薄短小를 향해 부단히 기술을 연마하면서, 새로운 장르의 혁신제품이 잇달아 쏟아져나왔다. 소니가 1979년 출시하여 대히트를 친 워크맨도 정작 필립스가 제안한 콤팩트 카세트테이프 규격에 기반했다는 점은 진정한 아이러니라 할 수 있다. 기술혁신을 주도하면서도 정작 시장주도권은 일본기업에 뺏기는 현상이 이때부터 두드러지기 시작했다.

특히 생산현장을 중심으로 발휘되는 일본기업의 강력한 혁신역량은 1950~1970년대 필립스 번성의 기반이 되었던 자율적 지역법인 시스템을 무력화시켰다. 일본기업들은 연구개발 및 생산시설을 거의 전부 일본 내에 갖추고 효율을 극대화했다. 반면 필립스는 1970년대 이미 전 세계 50여 개국에 무려 500여 곳의 생산설비를 운영하고 있었다. 당시는 오늘날과 같이 신흥시장 비중이 크지도 않았고, 글로벌 공급망 운영기술도 발달하지 못했기 때문에 이런 분산된 체제로는 효율 향상에 한계가 있었다. 필립스는 1970년대 말 지역별 분산 경영체제의 약점을 보완하고자 14개 주요 제품별 글로벌 관리체계를 횡으로 결합한 매트릭스 조직체계를 구축했다. 그러나 이들 지역−제품별 경영진 사이에 갈등이 계속되면서 상황은 나아지지 못했고, 그 결과 1981년 필립스의 이익률은 1% 미만으로 떨어졌다. 경영 시스템 변혁을 촉구하는 심각한 경종이 울린 것이다.

미국의 유서 깊은 전자업체들이 일본기업들과의 경쟁을 이기지 못하고 나가떨어지던 1982년, 필립스 CEO에 취임한 비서 데케르Wisse Dekker는 생존을 위한 구조조정에 박차를 가했다. 유럽에 산재한 수익성이 떨어지는 생산시설이 주요 정리 대상이었고, 이사회를 비롯한 관리직도 축소했다. 한편으로 1980년대 당시 크게 유행하던 비관련 다각화에 적극 나섰다. 용접, 전력선, 가구 등에 이르는 다양한 시도가 잇따랐다. 아울러 매트릭스 조직구조 정비에 나서 제품별 관리자에게 좀 더 폭넓은 권한을 부여하는 방향으로 교통정리를 시도했다.

데케르의 후임으로 1987년 취임한 코르 판 데르 클루흐트Cor van der Klugt는 비효율적인 글로벌 경영체계의 문제를 시정하고자 북미법인North American Philips Co.을 7억 달러에 매수하는 결단을 내렸다. 여기에는 당시 급부상하는 가정용 비디오테이프 표준 전쟁에서의 뼈아픈 패배도 큰 원인이 되었다. 필립스는 당시 V2000이라는 독자 규격을 밀고 있었는데, 결과적으로 마쓰시타의 VHS는 물론 소니의 베타맥스Betamax에까지 패배하고 말았다.

더 이상 지역별 분산 경영체제의 이점이 없다고 판단한 판데르 클루흐트는 지역법인을 파는 방식으로 매트릭스 조직을 해체하고 제품군별 사업부제로 재편하고자 했다. 하지만 이사진의 강한 반발에 부딪혀 미완에 그치고 말았다. 또한 사업구조조정에도 박차를 가해 1989년에는 방위산업에서 철수했다. 이러한 노력에도 불구하고 1990년 들어 실적은 급락하기 시작했다. 구조조정 효과가 단기에 그치고 캐시카우가 말라가면서 1990년 1분기 순이익은 전년 동기 2억 2,300만 휠던gulden(약 1억 달러)에서 600만 휠던(약 315만 달러)으로 급락했다. 1990년 전체로는 적자가 거의 확실시되는 분위기였다. 이로 인해 판 데르 클루흐트는 불명예스럽게 사임할 수밖에 없었다.

1990년대 전면 구조조정의 전개 : 센투리온 작전

1990년 필립스의 경영실적은 최악이었다. 순손실이 무려 42억 4,000만 휠던(약 25억 달러)에 이르렀고, 부채비율이 160%에 육박하여 이미 영업이익의 84%가 이자비용으로 나가는 실정이었다. 시장에는 필립스가 곧 파산할 것이라는 소문이 파다했다.

어려운 시기에 조직을 이어받은 얀 티메르Jan Timmer는 취임하자마자 극단적인 구조조정 작업에 돌입했다. 이른바 '센투리온Centurion' 작전이었다. 1990년 10월 발표한 이 작전에서, 1차적으로 그는 18개월 동안 6만 8,000명 감원이라는 목표를 세웠다. 가혹한 인력 구조조정 때문에 티메르는 '백정'이라는 이야기까지 들어야 했다. 사업구조조정도 혹독하기는 마찬가지였다. 우선 다양한 분야의 계열사를 통제하던 그룹의 순수지주회사 NV 벤짓Benzit을 해체하고, 기존의 주력 계열사였던 필립스전구Philips Gloeilampenfabrieken N.V.를 필립스전자Philips Electronics N.V.로 이름을 바꿔 사업지주회사로 만들었다. 이어 적자투성이였던 컴퓨터 사업을 정리하고, AT&T와의 합작 전신사업 지분과 월풀의 지분 47%도 매각했다. 이로 인해 그간 10억 달러 이상을 투자한 사업 전반을 정리한 것이다.

티메르는 여기서 생긴 여력을 가전제품의 주도권 탈환을 위해 투자하겠다는 복안이었다. 이를 위해 센투리온 작전 2단계로 약 25억 달러 규모의 'Philips Quality Drive' 운동을 전개했다. 여기에는 새로운 디지털 콤팩트 카세트DCC 포맷, CD를 TV와 결합시키려는 CD-iinteractive 포맷의 정착과 아날로그 HDTV 등의 투입이 포함되어 있었다. 1991년 미국시장에 출시된 CD-i 플레이어를 성공시키고 북미시장에서의 인지도를 다시 끌어올리기 위해 필립스는 무려 10억 달러 이상의 비용을 쏟아부었다. 그러나 야심차게 시도한 이들 신제품마저 모두 참패를 면치 못했다. 소비자의 니즈에 반해 이들 기기는 여전히 너무 비싸고 복잡하다는 악평에 시달렸다. 한편으로 이러한 참패에는 가혹한 구조조정의 후유증도 한몫을 했다. 대량 해고 속에서 유능한 인력마저 빠져나가며 필립스의 기술개발 및 마케팅 능력까지 현저하게 약화되었던 것이다.

센투리온 작전 결과 필립스의 1991년 실적은 12억 휠던(약 7억 달러)의 순이익으로 잠시 반전했으나, 1992년에는 9억 휠던(약 5억 달러)의 순손실을 기록하며 다시 벼랑 끝으로 몰렸다. 필립스는 부채 경감을 위해 부동산 자산을 대거 매각했으며, 1993년에는 마쓰시타전공의 지분까지 전량 매각했다. 위기는 이러한 추가적인 구조조정과 가전 부문의 막대한 손실이 반도체 등 다른 부문의 이익으로 상쇄되면서 겨우 진정되었다.

1993년 필립스는 다시 8억 5,600만 휠던(약 4억 5,000만 달러)의 순이익으로 돌아섰고, 1994~1995년에도 근근이 약간의 순이익을 이어갔다. 하지만 1996년 반도체 경기가 다시 하강하면서 취약한 수익 기반 문제가 다시 불거졌고, 1996년 실적은 5억 휠던(약 3억 달러)의 순손실을 기록했다. 결국 센투리온 작전을 이끌어왔던 티메르도 이 시점에서 퇴임할 수밖에 없었다.

내부 체질개선 시작 : 본스트라의 개혁

1996년 10월 1일에 새 CEO로 취임한 코르 본스트라Cor Boonstra는 방만한 사업들을 정리함과 동시에 한층 강화된 사업부제 조직을 구축했다. 우선 취임 5개월 만에 18개 자회사를 매각했으며, 추가 매각 대상 13개 자회사도 선정했다. 그리고 생산기능을 축소하고 아시아 여러 업체에 위탁생산을 늘려 비용절감을 도모했다. 또한 세분화된 사업조직을 대형 사업부로 통합하고 이를 각각 독립 기업에 준한 형태로 조직화하여 기능별 단위 하부조직을 자체적으로 구비했다. 예를 들어 음향 및 영상사업, 소비자 통신사업 등을 통합하여 소비자 가전 사업부를 만드는 식이었다. 이처럼 사업부의 대형화를 추구한 전략을 필립스는 'HVEHigh-Volume Electronics 전략'이라 지칭했다.

그러나 이들 사업부를 과거 지역법인처럼 방만하게 운용한 것은 아니었다. 각 사업부는 표준화된 전사적 업무 프로세스를 공유하여 필요에 따라 확대, 통합, 분사가 용이한 일종의 모듈로 기능하게 했다. 기업조직의 전략적 유연성을 높이려는 시스템 개혁이었던 것이다. 그 결과 필립스는 굵직한 사업부 위에 본사 최고경영진이 소수의 지원조직과 함께 전사 수준의 전략적 의사결정 권한에 집중하는 체제로 전환되었다. 이에 따라 본스트라 체제에서는 다음의 6개 사업부가 운영되었다.

① 반도체 사업부

② 부품 사업부

③ 소비자 가전 사업부

④ 조명 사업부

⑤ 가정용 기기 및 개인 생활용품 사업부

⑥ 의료시스템 사업부

본스트라의 또 다른 변혁은 마케팅 부문의 강화였다. 필립스는 선도적인 기술기업 이미지가 강했지만, 1980년대부터 반복되어온 위기와 구조조정을 겪으면서 마케팅 부문이 특히 취약해진 상태였다. 아무리 기술이 뛰어나도 시장 니즈를 제품개발에 제대로 반영하지 못하고, 또한 이를 시장에 잘 홍보하여 내다팔지 못한다면 소용이 없다. 본스트라는 이 점을 강조하며 실추된 브랜드 이미지를 높이기 위해 각고의 노력을 기울였다. 특히 기존에 시장 및 세그먼트별로 150여 개에 이르는 브랜드를 끌고 가던 전략을 수정하여, 인지도가 낮은 브랜드를 대거 정리하고 이를 '필립스'로 통일하는 작업을 진행했다. 아울러 1998년에는 광고비 지출을 4억 달러로 전년 대비 50%나 늘렸다. 그 결과 필립스는 2000년을 전후로 통일된 이미지를 구축해 브랜드 파워를 높이는 데 성공했다.

마케팅을 강화하면서 상대적으로 소외될 위험이 있었던

연구개발 부문은 선택과 집중, 효율화로 문제를 보완했다. 필립스는 센투리온 작전을 수행하면서 연구개발 지출도 이미 크게 줄어들어 미래 수종사업 추진을 위한 기술혁신역량에 적지 않은 손상을 입은 바 있다. 본스트라는 연구개발비 지출을 다소 증액함과 동시에 핵심연구 분야를 100여 개에서 20여 개로 대폭 축소했다. 부족한 자원을 방만하게 허비하지 않고 핵심에 집중하여 승부를 보겠다는 전략이다.

본스트라의 개혁은 적지 않은 성공으로 이어졌다. 특히 한동안 신기술 제품 경쟁에서 연패하던 암울한 분위기 속에 1997년 미국시장에 출시한 DVD의 성공은 매우 고무적이었다. 또한 당시 인터넷 혁명과 함께 IT버블이 한창 확대되며 실적도 큰 폭으로 개선되었다. 2000년 필립스는 96억 유로의 순이익을 기록하여 전년 대비 400% 성장이라는 놀라운 성과를 이루어냈다. 영국의 《파이낸셜타임스》는 2000년 최고의 경영자 25인의 하나로 본스트라를 선정하기도 했다.

그러나 IT버블이 꺼지면서 본스트라의 개혁이 필립스의 근본적인 체질개선이었느냐는 의문이 다시금 제기되었다. IT버블 붕괴와 2001년 미국 9·11 테러의 충격은 다른 가전업체에도 심각했으나 필립스에는 재앙과도 같았다. 2001년 매출은 전년 대비 15% 급감했고, 단숨에 26억 유로 적자를 기록하며 고꾸라졌다. 10년 동안 지루하게 반복되어온 롤러코스터 실적의 악몽이 되풀이된 것이다. 결국 2001년 본스트라는 실적악화의 책임을 지고 사임했으며, 다시 위기에 빠진 필립스의 구원투수로 게라르트 클레이스테를레이Gerard Kleisterlee가 임명되었다.

2000년대 사업변신 본격화 : 클레이스테를레이의 용단

클레이스테를레이는 '필립스맨'이라고 해도 좋을 정도로 필립스에서 잔뼈가 굵은 인물이다. 그는 모든 직장경력을 필립스에서 보냈을 뿐만 아니라, 심지어 아버지까지 필립스에서 30년을 근무하고 퇴직한 내력을 지니고 있었다. CEO 취임 전까지는 부품 사업부장을 맡아 고전하던 사업부 실적을 반전시킨 공을 세우기도 했다. 1997년 동아시아 외환위기 이후 LG디스플레이에 과감한 지분투자를 단행하여 LG필립스디스플레이를 출범시킨 것도 그가 사업부장으로 있을 때의 업적이었다.

이렇게 필립스의 내부 사정을 매우 잘 알고 있었기 때문에 클레이스테를레이는 전임 본스트라의 문제의식을 공유하고 있었다. 본스트라는 앞서 설명한 대로 13개 사업부를 6개 사업부로 정리·압축하며 핵심에 집중하는 사업변신을 모색해왔다. 클레이스테를레이는 일시적인 실적악화에도 불구하고 이러한 변신 노력은 올바른 방향이었으며, 오히려 더욱 철저히 실행해야 한다는 판단을 내렸다. 일본과 한국 등의 경쟁업체에 비해 약화된 체질로 대규모 자본투자와 고

정비 지출이 필요한 여러 사업에 발을 걸치다보니 경기변동 리스크에 대한 대응능력이 부족함을 절감했기 때문이다. 그리고 이제는 필립스가 가장 잘할 수 있는 부문만을 남기는 각고의 변신이 필요하다는 판단을 내리고 잔존 사업부들에 대한 냉정한 평가에 착수했다.

그 결과 가장 시급히 정리해야 할 부문으로 음향영상AV, 모니터 등 경쟁열위가 명백한 부문과 경기에 지나치게 민감한 각종 전자부품 사업이 지목되었다. 특히 AV 사업을 핵심사업에서 배제한 결단에 필립스 내부는 물론 외부에서도 놀라움을 금치 못했다. CD와 DVD라는, 필립스의 간판상품이자 시대의 걸작을 만들어낸 사업부가 정리대상에 꼽힌 것이다. 더군다나 AV 시장에서 필립스는 여전히 유럽은 물론 세계적으로도 최고 수준의 점유율을 유지하고 있었기에 더욱 그러했다. 당면한 한계사업뿐 아니라 '잘나가는' 것처럼 보이는 사업도 미래와 맞지 않으면 선제적으로 정리한다는 원칙이 드러난 순간이었다. 이에 따라 필립스는 AV 사업의 자체생산을 포기하며 2002년 8월 세계 각지의 9개 공장을 매각해버렸다. 이로 인해 AV 사업부의 임직원은 기존 4만 명에서 1만 4,000명으로 대폭 감소했다.

동시에 2001년부터 통신, 보안, 모바일용 부품, 모니터 등 더 이상 비전도 없고 소모적인 가격경쟁에서 살아남기 어려운 한계사업이 일제히 정리되었다. LG디스플레이의 지분도 단계적으로 축소하기 시작했으며, 뒤이어 2003년에는 항공 분야에서도 완전히 손을 떼었다. 가전 부문에서도 부품의 자체생산을 포기하고 외부조달을 크게 늘렸으며, 위탁생산 규모도 더욱 확대했다.

이것이 다가 아니었다. 클레이스테를레이가 추진한 변신의 절정은 2006년 반도체 사업부 매각이었다. 반도체 사업은 1950년대 산업 초창기부터 시작된 필립스의 핵심사업 가운데 하나였다. 그만큼 사업부의 자부심도 컸다. 동시에 2000년 무렵만 해도 필립스 기업가치와 영업이익의 3분의 1을 담당하던 높은 수익원이기도 했다. 일본과 한국, 대만 업체들의 부상 속에서도 세계 10대 반도체 메이커였고, 파운드리로 유명한 대만의 TSMC나 프랑스–이탈리아의 ST 마이크로일렉트로닉스 지분도 갖고 있어 상당한 전략적 포지션도 갖추었다고 평가되던 터였다. 무엇보다도 클레이스테를레이의 아버지가 평생 몸담았던 부문이 바로 이 반도체 사업부였다. 매각에 반대하는 이들은 '회사의 심장을 도려내는 것'이라며 격렬히 반발했다. 하지만 클레이스테를레이의 입장은 확고했다. 지나치게 경기에 민감하여 안정된 수익이 불투명하고 다른 사업 영위에도 부담이 될 정도로 높은 투자가 필요한 반도체 사업을 끌고 가는 것은 필립스의 미래에 바람직하지 않다는 것이었다.

새로운 3대 핵심사업

이처럼 대규모 사업정리를 통해 확보한 여력을 집중한 3대 핵심사업은 다음과 같다.

① 라이프스타일 가전

② 조명

③ 헬스케어(의료기기)

우선 라이프스타일 가전은 TV 등 전통적인 중대형 가전보다는 전기면도기, 커피메이커, 가정용 조리기구 등 세부적인 부분에 특화된 제품이었다. TV 사업은 완전히 포기하지 못했지만 대부분 외주 형태로 비중을 최소화했다. 우리 생활 속에서도 필립스 하면 전기면도기가 제일 먼저 떠오르듯이 부피는 작지만 생활 구석구석에서 요긴하게 쓰이는 감각적인 제품에 특화하여 가전명가의 입지를 이어가겠다는 전략이었다. 이를 위해 2009년에는 에스프레소 머신 제조업체로 유명한 이탈리아의 세코그룹을 인수했다. 한국에서도 급성장하고 있는 커피와 같은 트렌디한 라이프스타일 소비시장 영역을 장악하겠다는 의지가 엿보이는 대목이다.

다음으로 조명사업은 필립스의 모태사업이자 여전히 세계적으로 입지가 확고한 사업이기도 했다. 조명은 기술적 장벽이 낮아 보이지만 첨단 저에너지 조명에 대한 수요가 꾸준히 발생하고 있기 때문에 미래 성장성도 매우 유망한 분야이다. 필립스는 일반 조명에서는 대규모 위탁생산으로 가격경쟁력을 유지하면서 차세대 LED 조명사업에서 확고하게 선두를 다지려는 전략을 구사하기 시작했다. 2005년 대대적인 조명사업 강화를 선언하고 공격적인 M&A를 시도한 것이다. 2005년에는 미국의 LED 조명업체인 애질리언트 테크놀로지스를 인수했으며, 이어 컬러키네틱스, TIR시스템즈를 인수하여 LED 조명분야의 확고한 기술력 확보에 진력했다. 또한 주요 경쟁사인 GE 공략을 위해 2008년 미국의 젠라이트그룹을 27억 달러에 인수했다. 이로써 필립스는 북미 조명시장에서도 GE를 제치고 선두로 올라섰다.

마지막으로 필립스가 고수익 미래 사업으로 가장 노력을 기울인 분야는 의료기기 사업이다. 필립스는 이미 X선 진단장비 등 일부 분야에서는 대단히 긴 역사를 자랑하고 있었다. 하지만 2000년까지 의료기기 사업은 필립스 전체 매출의 10%, 영업이익의 5%에도 못 미치는 상대적으로 비중이 낮은 사업부에 불과했다. 그럼에도 클레이스테를레이와 경영진은, 건강과 웰빙이 더욱 중시되는 미래에는 기존의 의료기기를 포괄한 헬스케어 산업이 핵심으로 부상할 것임을 예상하고 과감한 투자를 결정했다. 2001년부터 4년 동안 6건, 52억 5,000만 달러 규모의 M&A를 통해 관련 분야의 기술력을 대거 흡수했으며, 2006년에는 MRI 업체로 유명한 미국의 인터마그네틱스제네럴을 13억 달러에, 2008년에는 가정 헬스케어 솔루션으로 유명한 미국의 레스퍼로닉스를 51억 달러에 인수했다. 이처럼 타 사업부를 정리하며 발생한 여력을 집중한 투자 결과, 2000년대 중반부터 세계 헬스케어 시장은 미국의 GE, 독일의 지멘스, 네덜란드의 필립스가 압도적인 점유율을 분점하는 3강 체제로 재편되었다.

필립스는 이러한 역동적인 사업변신으로 놀라운 변화를 이루어냈다. 사업정리로 매출 면에서는 크게 성장하지 못했지만 내실은 한층 공고해졌다. 2000년대 초에 비해 사업부를 절반으로 축소하고서도 여전히 비슷한 매출을 유지하고 있다는 것은, 그만큼 3대 핵심사업이 다른 사업의 공백을 충분히 메울 만큼 성장했다는 증거이다.

수익성 또한 크게 신장되어 2010년에는 9%대의 영업이익률로 10년 내 최대 실적을 기록했다. 이에 따라 필립스의 브랜드 가치는 2010년 기준 세계 42위인 87억 달러 가치로 평가되기도 했다.[8] 다만 IT버블 이후 다시 찾아온 글로벌 금융위기로 인해 다시 라이프스타일 가전 부문을 중심으로 수익성이 조금 나빠지기는 했으나 조명, 헬스케어 등 미래 핵심성장사업의 수익성과 입지는 여전히 확고하다. 필립스가 수

---

8 필립스 보도자료 〈http://www.newscenter.philips.com/main/standard/news/press/2010/201009016_interbrand_valuation.wpd〉

령 속에서 허우적댔던 1990년대를 돌이켜본다면 오늘날의 상황은 태풍 속에서 그래도 굳건히 자리를 지키고 있다고 볼 수 있을 것이다.

변신 성공비결 : 경쟁열위를 직시하라

그렇다면 필립스가 이렇게 1990년대의 암울한 과거를 딛고 2000년대 성공적인 사업변신을 이루어낸 비결은 무엇이었을까? 무엇보다 가장 큰 계기는 본스트라와 클레이스테를레이 등의 경영진이 필립스의 경쟁열위를 직시했다는 점이다.

필립스는 전자산업에서의 공헌도, 유구한 사업이력 등 모든 면에서 명가라 불리기에 손색이 없었다. 그러나 1990년대를 겪으며 그것은 단지 과거의 영광일 뿐임을 뼈저리게 느끼게 되었다. 일본을 시작으로 한국, 대만 등 아시아 경쟁업체들의 무서운 부상 속에서 필립스는 거대하지만 효율도 떨어지고 이미 체력도 소진된 은퇴한 챔피언 같은 존재였다. 여기서 과거의 추억에 사로잡혀 비효율적인 경영 시스템과 실속 없는 경쟁전략을 계속 끌고 갔다면 이미 필립스는 많은 미국의 가전업체들이 그랬듯 공중분해되었을 것이다.

다행히도 필립스의 경영진은 약점을 인정하고 이를 선제적으로 포기함으로써 부활의 기회를 얻을 수 있었다. 필립스는 여전히 전자 분야 등 다방면에 축적된 기술력과 노하우 등 '숨은 자산', 그리고 조명 및 의료기기 등 수익성과 미래 성장성이 알찬 사업의 경험이 있었다. 또 결코 포기할 수 없을 것처럼 보이던 AV 사업과 반도체 사업 등을 과감하게 정리하면서 그 역량을 재편·집중한다는 통찰력과 실행력이 있었기에 변신에 성공할 수 있었다.

필립스가 선제적으로 주력사업으로 가꿔나간 차세대 조명과 헬스케어는 오늘날 레드오션에서 고전하는 일본 및 한국 전자업체들 모두가 미래 성장사업으로 꼽고 있다. 소니, 파나소닉, 샤프 등 일본의 종합가전업체들이 한국 및 대만 경쟁업체들에 조금씩 뒤처져가는 상황에서도 과거의 자존심에 매몰되어 끝까지 가전사업에 목을 매다가 치명타를 입고 있는 모습과 대조된다. 이처럼 필립스, 지멘스 등이 일찌감치 경쟁열위를 인정하고 새로운 영역에서 입지를 다짐으로써 향유하는 선발자 이익은 우리 기업이 깊이 숙고해야 할 부분이다.

앞서 필립스가 반도체 부문을 매각하면서 '회사의 심장을 도려냈다'는 비난을 받았을 때를 당시 CEO 클레이스테를레이는 다음과 같이 회고했다고 한다.

내 생각은 다르다. 회사의 심장이란 게 뭐냐? 특정 사업 분야가 기업의 심장이 될 수 있나? 회사의 심장이란 그런 게 아니다. 기업의 목표를 향한 조직원들의 열정이 진짜 심장이다. 필립스의 목표는 '혁신을 통해 삶의 질을 높이는 것'이다. 과거에도 그랬고, 지금도 그렇고, 앞으로도 그럴 거다.

필립스의 사례는 기업의 진정한 목표가 무엇인지, 이를 달성하기 위한 변신은 어떤 것이어야 하는지 끊이지 않는 질문을 던지고 해결책을 모색하는 자세가 변신의 기본임을 일깨워주고 있다.

필립스는 1891년 게라르트 필립스가 네덜란드 에인트 호번에서 창업한 전구회사였다. 이후 진공관 라디오를 생산하고 방송사업에도 진출하여 일찍부터 콘텐츠와 하드웨어가 융합된 사업을 벌여왔다. 1950년대에는 다양한 가전제품 생산업체로 도약했으며, 카세트테이프, CD 등 시대를 풍미한 매체들을 개발했다. 해외진출도 활발하여 1970년대에는 전 세계 50여 개국에서 500여 생산기지를 운영하는 다국적 전자기업으로 위상을 굳혔다.

1970년대부터 일본기업들의 거센 도전을 받으면서 점차

:그림 13: **경영실적**

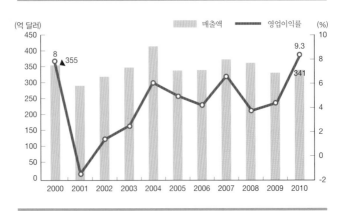

자료 : Thomson One Banker DB를 활용하여 작성.

위상이 약해졌으며, 1990년 무렵에는 막대한 적자로 인해 파산설까지 나왔다. 이에 강력한 구조조정으로 일시적인 위기를 극복했다. 2000년대 들어 대대적인 사업변신에 착수하여 AV, 디스플레이, 반도체 등 전통적인 사업부문을 전부 매각하고 조명, 헬스케어, 소형 생활가전의 3대 핵심사업에 집중했다. 2011년에는 글로벌 금융위기와 유럽 재정위기의 여파로 매출 225억 7,900만 유로, 순손실 12억 9,500만 유로를 기록하였으나, 조명과 헬스케어 분야의 강점을 토대로 과거 전성기의 위상을 서서히 회복해가고 있다.

: 그림 14 : 사업구조 변화 : 사업부별 매출 비중과 매출액(억 달러)

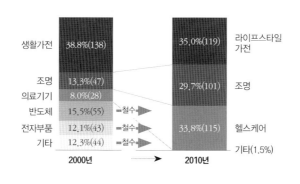

자료 : Thomson One Banker DB와 필립스 연차보고서를 활용하여 작성.

02

웨스파머스

M&A로 변신에 성공한 100년 역사의 복합그룹

100년 역사의 호주 최대 유통그룹

호주의 복합그룹 웨스파머스Wesfarmers는 한국에 잘 알려져 있지 않지만, 약 100년의 역사를 갖고 역동적인 사업변신을 거듭해온 독특한 회사이다. 1914년 서호주 농민조합으로 출발했으며, 1950년대 서호주 농촌에 LPG 공급망을 구축함으로써 사업다각화를 시작했다. 1984년은 2가지 점에서 웨스파머스에 특별한 해로 기록된다. 먼저 주식시장에 상장하여 공개기업으로 첫발을 내디뎠으며, 비료회사인 CSBP를 인수함으로써 당시 최대 M&A 기록을 수립한 것이다. 그후 에너지, 석탄 등으로 사업다각화를 적극적으로 전개해왔다. 2001년에는 복잡한 지배구조를 잘 분산된 지배구조로 전환했고, 2007년에는 M&A 거래가 정점에 달했다. 호주 유통업계에서 울워스와 쌍벽을 이루는 콜스Coles 그룹을 인수한 것이다. 콜스(슈퍼), 타깃(의류), K마트(할인) 사업부를 추가함으로써 하드웨어 업체에서 유통 복합그룹으로 단숨에 변신했다. 그 결과 2011년 현재, 종업원 수가 호주 최다인 20만 명에 주주 수도 45만 명으로 잘 분산된 구조이며 유

: **그림 15** : **웨스파머스의 사업구조**

자료 : 웨스파머스 홈페이지 〈http://wesfarmers.com/about-us/company-structure.html〉.

통, 하드웨어, 자원, 보험 등 9개 사업부로 이루어진 복합그룹으로 성장했다.

모든 사업은 주주를 위해 존재

웨스파머스는 주주가치 극대화를 경영목표로 삼는 대표적인 기업이다. 마이클 체이니_{Michael Chaney} 전 CEO의 말은 회사의 성격을 잘 표현하고 있다.

> 웨스파머스는 특정 사업에 목을 매지 않는다. 돈을 많이 벌 수 있는 사업이 아니면 뛰어들지도 않는다. 웨스파머스의 성공비결은 사업방향이 아니라 '주주 이익 우선 원칙'이다.[9]

일반적으로 기업이 사업다각화를 하는 중요한 이유로 사업 간의 시너지 효과를 든다. 특히 요즘 같은 융·복합 시대에는 더욱 그 가치가 중요해진다. 하지만 웨스파머스에 있어 사업 시너지 효과는 결과적으로 오는 것이지, 처음부터 그걸 노리고 일을 벌이는 것은 아니다. 어떤 사업을 할지 말지는 예상되는 주주수익률에 의해 결정된다. 내부적으로 정한 수치에 미달하면 어떤 사업이라도 가차 없이 포기하고, 높은 수익률을 올릴 수 있는 사업이라면 업종 불문하고 추

---

9 "첫째도 주주, 둘째도 주주" (2003. 7). 《포브스 코리아》.

진한다. 마치 가치투자를 지향하는 펀드 매니저가 저평가된 주식을 포트폴리오로 구성하여 높은 투자수익률을 노리는 것이 연상된다. 다른 점이라면 웨스파머스는 해당 사업을 직접 운영한다는 것이다. 각 사업부문은 철저히 독립적인 구조로 운영된다. 그래서 '다양성에서 나오는 힘Strength through Diversity'을 회사 모토로 삼고 있다.

이와 같이 웨스파머스는 독특한 경영원칙을 갖고 있다. 앞서 언급한 사업다각화만 해도 또 하나의 동기가 호주라는 작은 시장에서 비롯되었다고 한다. 내수시장이 작기 때문에 이것저것 여러 업종을 다 해야 전체 규모를 확보할 수 있다는 것인데, 그렇다면 왜 한국기업들처럼 해외진출 전략을 우선적으로 고려하지 않는지 의문이 들 것이다. 하지만 글로벌화에 대한 웨스파머스의 생각은 매우 신중하다. 홈그라운드의 이점을 뛰어넘을 정도로 해외 사업기회가 매력적이어야 하는데 그런 분석결과가 잘 나오지 않기 때문에 쉽게 움직이지 않는 것이다.

분석과 예측이란 것이 아무리 정교해도 잘 맞지 않기 때문에, 사업의 성패는 계산보다는 야성적 충동에 달려 있다고 생각한다면 이 회사의 방침은 좀 재미없게 보일 수도 있다. 그러나 웨스파머스의 방식에서 돋보이는 점은 회사가 비전과 목표를 명확히 설정하고 내외부와 철저히 공유한다는 점이다. 한마디로 색깔이 분명하다.

한편 주주 중심 경영방침이라면 유행이 다소 지난 얘기쯤으로 들릴 수 있다. 2008년 글로벌 경제위기 이후 미국식 주주 중심 경영이 퇴조하고 이해관계자 중심주의가 대두하고 있는 상황이기 때문이다. 그런데 이 회사의 연차보고서 등 IR 자료를 보면 맨 앞에 회사의 성과를 한 장으로 요약한 내용을 보게 되는데, 늘 빠지지 않고 내놓는 것이 〈그림 16〉과 같다. 두 원에 이해관계자별로 자사가 창출한 가치의 비중을 표시하고 구체적인 액수까지 계산해놓았다. 2011년(결산월 6월)의 경우를 보면 먼저 종업원에게 인건비로 59%, 정부에 세금으로 11%, 채권자에게 이자로 5%, 주주에게 배당으로 15%, 사업 재투자에 10%, 도합 114억 5,000만 달러의 가치를 창출했다고 밝히고 있다.

이렇듯 웨스파머스는 '숫자'에 의한 경영방침을 일관되게 펼치고 있으며, 이해관계자에 대한 가치창출을 극대화하는 것이 진정으로 주주를 위한 경영이라고 웅변하고 있다. 이는 크레도(신조)로 유명한 존슨앤드존슨이 이해관계자별로 미션을 천명한 다음, 이 미션들이 모두 달성되면 자연스럽게 주주의 이익이 극대화된다고 하는 것을 연상시킨다.

웨스파머스는 모든 면에서 실적 중시 경영을 우선한다. 주주 중심 경영을 실천하기 위해 높은 자기자본이익률ROE(순이익/자기자본)을 목표로 설정한다. 요즘은 저성장시대라서 낮아졌겠지만 2000년대 중반까지만 해도 18%를 요구했다.

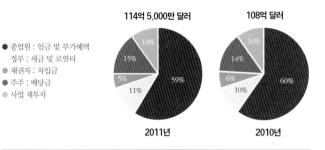

- ● 종업원 : 임금 및 부가혜택
  정부 : 세금 및 로열티
- ● 채권자 : 차입금
- ● 주주 : 배당금
- ● 사업 재투자

114억 5,000만 달러   108억 달러

2011년   2010년

자료 : Wesfarmers Annual Report 2011. p.2.

사업별로 수익성이 그 이상은 되어야 채택한다는 의미이다. 이 목표를 달성하기 위해 1년 이상 된 모든 직원에게 스톡옵션을 제공하는 등 동기부여를 하며, 회사의 목표가 주주수익 극대화에 있음을 분명히 하고 있다.

호주 사상 최대 M&A, 콜스 그룹 인수

2007년은 웨스파머스가 호주 사상 최대 M&A를 성사시키고 최대 유통그룹으로 변신한 해이다. 앞에서도 언급했지만 이 회사는 활발한 M&A를 통해 성장해온 역사를 갖고 있다. 정직, 개방, 책임, 용기를 핵심가치로 하여 고도의 성과평가 시스템 등 치밀한 분석능력을 갖추고 있기 때문에 사업매각 및 인수에 매우 능하다.

사실 M&A에서 가장 중요한 것은 기업가치를 평가하는 능력이다. 이것이 잘 안 되기 때문에, 혹은 계산은 잘했더라도 막상 경쟁이 붙으면 과열되어 지나치게 높은 가격으로 인수하기 때문에 종종 M&A가 실패하게 된다. 여기서 M&A를 잘하는 기업과 못하는 기업의 차이를 알 수 있다. 잘 못하는 기업은 협상 대표에게 가격에 대해 전적으로 위임하지 않는 경우가 많기 때문에, 나중에 고가 인수에 대한 책임추궁을 우려해서 거래가 성사되지 않는 것이다. 반면 M&A에 능한 기업은 원래 판단한 가격에 미치지 못하기 때문에 거래가 안 되는 경우가 더 많다. 기다리고 또 기다리는 것이다.

다음 사례는 기업을 비싸게 사면 고생한다는 것을 잘 보여주고 있다. 1999년 미국의 가정용품 업체 뉴웰Newell은 러버메이드Rubbermaid를 60억 달러에 인수했는데 너무 비싸게 산 것으로 판명이 났다. 양사의 성격이 로 엔드(뉴웰), 하이 엔드(러버메이드)로 확연히 구분되기 때문에 융합효과가 그다지 크지 않음에도 동종 업종 결합의 시너지 효과가 클 것으로 본 게 화근이었다. 결국 고달픈 구조조정과 인재에 대한 투자에 힘쓴 결과 정상화시키긴 했지만, 처음에 비싸게 사서 두고두고 애를 먹은 것은 확실하다.[10]

M&A의 달인 웨스파머스가 거대 유통그룹인 콜스를 인수

---

10 Harding, D., & Rovit S. (2004), "Case Example : Newell & Rubbermaid, Mastering the Merger." ⟨hoovers.com⟩.

한 과정은 다음과 같다. 이 회사는 주주가치 극대화를 전사 목표로 설정하고 사업다각화를 통해 환경변화에 대응해왔다. 주주 수가 45만 명으로 고르게 분산되어 있으므로 주주 중심 경영을 최우선 과제로 설정한 것이다. 주주수익률을 평가하는 기준으로 이를 가장 잘 설명해주는 ROE를 설정하고 각 사업부를 평가하여 사업의 진입과 철수를 결정하게 된다. 따라서 현재 저평가되어 있지만 인수 후 반등할 것으로 예상되는 회사를 인수하는 전략을 기본적으로 구사한다.

그러던 중 기존 사업의 ROE가 크게 하락하자 2007년 7월 유통그룹인 콜스를 198억 달러에 인수하기로 합의했다. 이 가격은 당시 회사가 평가한 콜스 가치에 20%를 얹은 것으로, 6월 29일 종가에 경영 프리미엄 7%를 더한 가격이었는데 호주 M&A 신기록이었다. 콜스 그룹의 M&A 협상은 장장 15개월을 끈 전쟁이었다. 그간 콜버그 크래비스 로버트 사가 주도하는 사모펀드의 인수 제안이 두 번 거절된 끝에 웨스파머스가 최종 승자가 되었다.

콜스를 인수함으로써 웨스파머스의 사업구조는 단숨에 하드웨어에서 유통 중심으로 바뀌었다. 인수 직전인 2007년 사업부별 매출 비중은 하드웨어 51%, 에너지/석탄 17%, 보험 14%, 산업/안전 12% 등이었으나, 2011년에는 콜스/타깃/K마트의 유통 부문 70%, 가정/사무실(하드웨어) 15% 등으로 변화했다.

: 표 9 : 웨스파머스 사업구조의 변화

(단위 : %)

2007년		2011년	
사업부	비중	사업부	비중
하드웨어	51	콜스	56
에너지/석탄	17	가정/사무실	15
보험	14	타깃	7
산업/안전	12	K마트	7
화학/설비	6	자원	3
		보험	3
		산업/안전	3
		화학/에너지/설비	3
		기타	4

자료 : Wesfarmers Annual Report (각 연도).

웨스파머스는 콜스를 치밀하게 평가해서 인수한 후 분권
화된 조직과 강력한 관리 시스템이라는 자사의 특성을 콜스
에 이식했다. 그 구체적인 계획으로 2008년 6월까지 중앙집
권화된 콜스를 자율적인 소매조직으로 바꾸기 위해 구조조
정에 들어가기로 하고 경영진 교체를 시작으로 경영정상화
5개년 계획을 추진했다. 일명 '고객 되찾기와 장바구니 불리
기'이다. 이와 관련하여 리처드 고이더Richard Goyder CEO는 다
음과 같이 말했다.

우리는 매장에서 주문한 상품이 얼마나 빨리 준비되는지 확인하고 그렇게 되도록 조처할 것이다. 우리가 원하는 것은 빵, 가공식품, 고기 등의 신선식품 주문을 개선하는 것이다. 우리는 매장에 고객이 들어오게 만들 것을 희망한다.[11]

회사는 콜스를 더욱 고객 중심적이고 가치창출적인 조직으로 바꾸고자 했다. 이를 위해 4가지 과제를 추진했는데, 먼저 1단계(18개월)에서는 매우 훌륭한 관리팀을 투입하여 상품진열을 완전히 바꾸고 잦은 판촉행사도 줄였다. 또 매장구조를 확 바꾸고, 직원들을 훈련시켰으며, 신선식품에 집중했다. 그렇게 6개월여가 지나자 이전보다 매출이 7.2% 늘어나고 세전이익도 4억 7,000만 달러에 달했다.

웨스파머스가 대형 M&A를 통해 변신에 성공한 것은 치밀한 가치평가능력과 관리 시스템 덕분이라고 할 수 있다. 계산된 리스크를 포트폴리오 효과(위험분산 효과)에 접목하고, 사업 간 다양성과 독립성을 존중함으로써 각 사업이 최선의 결과를 낼 수 있도록 유도한다. 그리고 포스트 M&A 전략으로 독특한 경영 시스템, 즉 강력한 관리 시스템을 분권화된 조직에 이식하여 통합에 성공한 것이다.

통합에 성공하긴 했지만 얼마 안 가서 2008년 글로벌 금

---

11 "Wesfarmers reveals big plans for Coles" (2007. 11. 8). *The Age.*

콜스 사업부의 성장전략(2008년)

- 웨스파머스는 콜스 인수 후 경영정상화를 위해 일명 '고객 되찾기와 장바구니 불리기' 4대 과제를 추진했다.
  - 상품 재배치 : 중복 제거, 쇼핑 편의성 증대
  - 향상된 가치 플랫폼 : 잦은 판촉행사 줄이기
  - 매장 투자 : 매장 리뉴얼, 직원 훈련
  - 신선식품에 집중 : 베이커리, 제조식품, 고기, 가금, 생선 등

- 그 결과 2007년 11월 23일부터 2008년 6월 말까지 콜스 사업부 매출은 전년 동기 대비 7.2% 증가한 169억 달러, 이자 및 세전이익은 4억 7,000만 달러를 기록했다.

자료 : Wesfarmers Annual Report 2008.

융위기가 터지자 콜스 인수에 대한 비판이 쏟아졌다. 너무 비싸게 샀으며 시너지 효과도 없다는 것이다. 이에 대해서 웨스파머스는 앞서 언급했듯이 독립된 사업부문에서 각각 가치를 창출하는 매우 다각화된 기업형태를 지향한다고 선을 긋는다. 사업 간 시너지보다는 사업의 포트폴리오 효과를 추구한다는 것이다. 사실 회사는 사업다각화로 덩치가 커지면 일반적으로 관료주의화되고 리스크를 회피하는 보신주의가 만연하는 것을 조심해야 한다. 따라서 각 사업의 독립성을 철저히 유지하여 '혁신적인 작은 사업부'의 연합체로서 회사의 정체성을 구축하려는 것으로 보인다.

고이더 CEO는 다음과 같이 콜스 인수의 정당성을 밝히고
있다.

> 첫째, 콜스는 매력적인 시장에서 주도적인 위치에 있었다.
>
> 둘째, 콜스는 독보적인 소매 플랫폼과 광대한 매장 네트워크를 갖고 있다.
>
> 셋째, 가장 중요한 점은 콜스가 오랫동안 잘 관리되지 못해왔다는 것이
> 다. 웨스파머스는 실적이 저조한 회사를 되살리는 데 정평이 나 있다.[12]

하지만 웨스파머스의 콜스 인수가 완전히 성공한 것으로
판정이 나려면 좀 더 시간이 필요해 보인다. 글로벌 금융위
기 이후 기업경영의 패러다임은 주주 중심에서 이해관계자
중심으로 바뀌었다. 이런 변화 앞에서 웨스파머스가 추구
하는 주주 중심 경영방침이 도전받을 수도 있다. 그러나 그
간 웨스파머스는 '다양성'을 최고의 가치로 삼고 여기서 나
오는 힘을 추구해왔으며, 호주 최대의 고용을 창출했다는
데 주목할 필요가 있다. 사업도 사업이지만 기업문화 측면
에서 새로운 변신의 역사를 만들 수 있을지가 주목된다고
하겠다.

---

12 "Wesfarmers chief defends Coles purchase." (2009. 7. 28). 〈ABC News〉.

웨스파머스는 1914년 서호주 농민조합으로 시작하며 하드웨어를 공급하는 업체로 출발한 후 변신의 역사를 거듭해온 M&A의 화신이다. 2007년 11월 유통그룹 콜스를 호주 사상 최대 M&A를 기록하며 인수했고, 2008년 글로벌 금융위기를 겪으며 고전하기도 했으나 저력을 발휘하여 성과를 내고 있다.

웨스파머스는 철저히 주주 중심 경영을 펼친다. 이는 얼핏 이해관계자 중심의 시대 조류와 걸맞지 않은 것으로 보일

:그림 17: **경영실적**

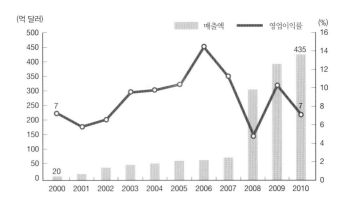

자료 : Thomson One Banker DB를 활용하여 작성.

수 있지만, 실제로는 각각의 이해관계자들에게 가치를 창출하여 그 결과 주주에게 이롭게 된다는 경영방침을 수행하고 있다. M&A의 달인답게 뛰어난 수리경영능력과 조직관리력으로 독특한 기업상을 보여주고 있다. 논리보다는 감성이, 효율성보다는 공유가치가 각광받는 21세기 경영환경에서 사업이 아니라 기업문화에서도 변신에 성공할지가 관전 포인트이다.

: 그림 18 : 사업구조 변화

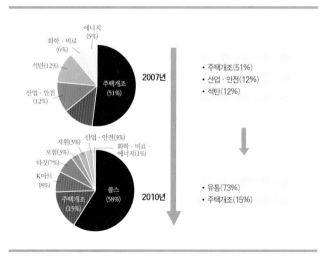

자료 : Wesfarmers Annual Report (각 연도).

03

소프트뱅크
기업진화의 메커니즘을 보여주다

틀을 깰 수 있는 CEO

손정의(일본 이름 손 마사요시)는 도전과 혁신을 바탕으로 기존의 틀을 깰 수 있는 CEO라 평가받는다. 재일교포 3세이면서 동양의 빌 게이츠, 제2의 스티브 잡스로 불리는 그가 이끌고 있는 기업이 정보산업에서 일본을 넘어 세계적으로 성장하고 있는 소프트뱅크이다. 2010년 30주년을 맞이한 소프트뱅크의 역사는 그리 길다고 할 수 없지만 30년 동안 소프트뱅크의 변화를 살펴보면 가히 놀라지 않을 수 없다. 그 변화의 중심에 창업자 손정의가 있었다. 정보산업 변화의 흐름에 맞추어 소프트뱅크의 변신 DNA를 만들어가고 있는 것이다.

1980년 미국의 캘리포니아 대학 버클리를 졸업하고 일본으로 돌아온 그는 1981년 26세의 나이에 1,000만 엔으로 소프트뱅크를 창업한다. 창업 당시 시작한 사업은 PC용 패키지 소프트웨어 판매였다. 그 후 PC정보잡지를 창간하고 소프트 기획, 전시회 등으로 일본에 IT를 알리는 데 큰 역할을 하며 정보산업에서 자신의 꿈을 키워나간다.

손정의 CEO의 성장과 소프트뱅크의 설립과정을 보면, 그의 열정과 함께 소프트뱅크라는 회사에 담고자 하는 기업 이념을 잘 알 수 있다. 손정의는 17세의 나이로 혼자 미국에 건너가 꿈을 키웠다. 버클리 재학시절 전자번역기를 개발해 일본의 샤프 사에 판매하여 사업자금을 마련했고, 이는 1981년 일본으로 돌아와 소프트뱅크를 설립하는 데 큰 도움이 되었다. 회사 설립 당시 손정의는 단 2명의 종업원을 앞에 두고 "10년 뒤 500억 엔의 매출을 올리겠다"라고 호언했다. 단순한 허풍이 아닌 그의 열정과 도전정신을 들여다볼 수 있는 일화였음은, 지금의 소프트뱅크를 보면 잘 알 수 있다.

소프트뱅크 설립 당시 손정의는 40가지 정도의 사업 아이템을 정하고 각각에 대해 10년 후의 손익계산서와 대차대조표를 짰을 정도로 치밀함을 기하고 조사에 조사를 반복했다고 한다. 그의 열정과 노력은 PC와 PC 소프트웨어에 대한 인식이 낮았던 1980년대에 어음결제 없이 자금을 조달하며 사업을 이끌어갈 수 있는 신뢰를 만들어냈다.

적수공권으로, 당시로서는 꿈같은 이야기였을지도 모르는 나의 사업 청
사진을 은행 같은 곳에서 이해해주도록 하는 길밖에는 없었다. 그런 의
미에서 나는 인덕人德이 있었다.[13]

소프트뱅크는 매년 5월 2일을 '7대 은인恩人 감사의 날'
로 정해 특별휴일로 지키고 있다. 이 '7대 은인' 가운데에는
1980년대 전반 다이이치칸교第一勸業 은행의 도쿄 고지마치麴町
지점장이었던 인물도 있다.

실적 없음. 담보 없음. 보증인 없음. 게다가 우대금리로 융자를 받겠다는
나의 신청을, 나의 사업 비전 하나만 믿고 본사의 융자심사에까지 상정해
서 '지점장 판단에 맡기겠다'는 단계로까지 끌고 가 OK를 해준 분이다.[14]

급성장은 M&A를 통해서

30년 정도의 기업이 매출 3조 엔 규모의 회사로 성장할 수
있었던 비결은 소프트뱅크가 경영전략의 최대 핵심으로 기업
인수, 자본제휴, 업무제휴 등을 추구했기 때문이다. 창업 13년

---

13 "ソフトバンク錬金術の秘密" (1996. 9). 《經營塾》.
14 위의 글.

남짓 되던 1994년, 소프트뱅크는 주식을 공개하며 공모를 통해 207억 엔의 자금을 조달하여 본격적인 사업확장을 시작했다. 이를 계기로 소프트뱅크의 비즈니스 확대방침이 전면 가동된다. 손정의가 말하는 M&A 전략은 이러하다.

자연성장보다도 몇 단계나 높은 성장을 가능하게 해준다. M&A는 그런 매력이 있다. 그러나 내가 그런 것 이상으로 M&A를 중시하는 이유는 시간이라는 코스트의 절약 때문이다. 기술의 혁신은 급변하고 있다. 나는 항상 최첨단의 기술을 가지고 싶다. 또 소프트뱅크가 확대되고 성장을 계속하기 위해 필수적인 사업 분야가 잇달아 나타나고 있다. 그것을 처음부터 하나씩 손수 만들고 있다가는 도저히 따라갈 수가 없다. M&A는 그런 문제를 단번에 해결해주는 귀중한 경영전략이다.[15]

1994년 주식공개 이후 그해 말 미국 인터롭Interop[16]과 1995년 컴덱스COMDEX[17]의 운영권을 인수하며 컴퓨터와 관련된 세계적인 전시회사업을 확보한다. 그 투자규모만 927억 엔 정도였는데, 당시 소프트뱅크의 연간 매출액은 965억 엔이었다. 소프트뱅크, 아니 손정의의 투자에 대한 과감성은 남다르다

---

15 위의 글.
16 미국 지프 데이비스 커뮤니케이션즈 그룹 회사.
17 미국 인터페이스 그룹 회사가 운영하던 컴퓨터 관련 전시회.

할 수 있겠다. 이러한 투자와 협력을 통한 성장은 계속되었다. 실패를 두려워하지 않고 시장, 환경 그리고 기술의 변화 속도에 맞추어 비즈니스모델을 변화시키려는 노력도 이어졌다. 실패에 대해 손정의 사장은 이렇게 이야기한다.

> 도중에 매각한 것도, 실패하여 포기한 사업도 내가 생각하는 기업진화의 메커니즘에서 정당한 프로그램이다.[18]

미래를 내다보는 과감한 투자

소프트뱅크의 초기 성장에는 이렇듯 자본시장에서 자금을 모아 디지털 정보산업의 기반 사업에 투자하는 씨뿌리기의 시기였다. 그룹의 벤처캐피털회사를 통해서 벤처기금을 설립해 첨단기업에 투자함과 동시에 유망한 기업에는 직접 출자를 해왔다. 유망 분야의 벤처기업에 널리 자금을 투입하는 '투망방식' 투자는 성공하면 큰 이익을 얻을 수 있다. 대표적인 사례가 인터넷 검색회사 '야후'이다. 소프트뱅크는 1996년 9월 말 야후의 미국 법인에 33%, 일본 법인에 51%를 투자했다. 두 법인 모두 자국의 시장에 주식을 상장하며 소프트뱅크는 800억 엔 가까운 주식평가이익을 손에 쥐게

---

18 田村俊一 (2010), "進化する變態企業", 《日經ビジネス》, 1527號, pp. 21~25.

되었다.

브랜드를 부여한 투자기업이 실패할 경우 사업 철수가 쉽지 않기 때문에, 소프트뱅크는 단일 브랜드로 확대노선을 추구하지 않는다. 투자를 받아 소프트뱅크의 DNA를 이식하면서 소프트뱅크라는 이름은 사용하지 않는 숨은 기업들이 많이 존재한다. 급변하는 환경에서 기업이 살아남기 위한 지혜라 할 수 있다. 소프트뱅크는 100% 자회사로 지배권을 장악하는 것보다 합작회사를 설립해 지분을 투자하는 방식으로 리스크를 줄이면서 유망사업에 진출해왔다. 또한 구제를 위한 M&A는 철저히 배제하고 자사의 진화 메커니즘

손정의의 알리바바 투자 사례

- 2000년 알리바바닷컴alibaba.com의 창업주 잭마(마윈)와 만나 비즈니스모델에 대한 설명을 듣고 6분 만에 2,000달러 투자를 결정

- 2007년 알리바바 상장 후 주식 시가총액이 2조 엔을 넘어섬

- 2010년 알리바바와 야후재팬의 접속서비스를 시작하여 중국 소비시장에 진출(양사 간 고객 2억 6,000만 명 규모)
  - 2012년 현재 알리바바는 중국 B2B 전자상거래 시장을 50% 이상 장악

자료 : 일본 현지 기사를 바탕으로 작성.

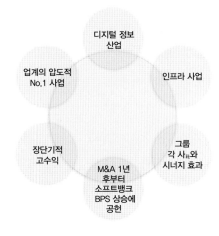

디지털 정보
산업

인프라 사업

업계의 압도적
No.1 사업

그룹
각 사社와
시너지 효과

장단기적
고수익

M&A 1년
후부터
소프트뱅크
BPS 상승에
공헌

주 : BPS는 주당순자산가치.
자료 : "ソフトバンク錬金術の秘密"(1996. 9),《經營塾》.

에 부합하는 사업에는 과감히 투자를 아끼지 않는다. 마이
크로소프트, 머독, 야후, 알리바바 등이 좋은 사례이다. 인
수 당시 가장 뛰어난 기술, 콘텐츠, 비즈니스모델을 가진 기
업들에 투자함으로써 높은 수익으로 보상받아왔다. 소프트
뱅크는 자사 DNA에 맞는 기업인수 요건을 다음과 같이 세
워두고 이에 충족하는 기업을 대상으로 투자를 진행한다.

혁신적 투자로 위기 탈출

시장기능을 활용해서 새로운 사업영역을 개척하는 미국식

경영수법으로 성장을 지속하던 소프트뱅크는 1990년대 말 느슨해진 경영구조로 어려움에 부딪혔다. 1994년 상장 이후 1995년 최고 3만 1,000엔까지 올라갔던 주가는 1997년 11월 1,670엔까지 하락했다. 잇따른 대형 인수합병으로 부채가 3,000억 엔 가까이 늘어나고, 손정의 사장의 자산관리 회사인 MAC와 소프트뱅크의 관계가 분명치 않다는 이유도 있어 불안설은 한동안 계속되었다. 그러나 손정의 사장은 당시 인터넷 인프라 사업의 성장가치를 높게 평가하고 대형 투자를 지속했다. 도박사에 가까운 배짱으로 고위험 고수익 인터넷 사업 투자에 집중한 것이다. 시스코재팬, 소프트뱅크벤처스, UT스타컴, SB네트워크 등 무수히 많은 인터넷 관련 기업들에 투자를 계속했다. 손정의 사장은 시스코재팬의 설립 배경을 다음과 같이 설명하고 있다.

시스코는 인터넷 인프라를 제공하는 회사이다. 철도시대가 도래했을 때의 철도선로, 자동차 사회로 친다면 도로에 해당하는 인프라를 제공하고 있는 것이다. 도로나 선로가 있기 때문에 그 위를 달리는 차라든가 주유소, 드라이브인, 교외 쇼핑센터 등이 발전했다. 그런 것들의 핵심기능을 담당하는 회사가 야후이고 E-트레이드이며 지오시티즈인 것이다.[19]

---

19 "恐慌風と闘う経営者の発想" (1998. 10). 《財界》.

소프트뱅크는 1992년 시스코재팬을 설립, 당시 시가총액 3,000억 엔이었던 기업을 6년 후에는 12조 엔의 기업으로 성장시켰다. 기존의 권력과 틀을 벗어난 파괴보다는 혁신적인 투자를 통해 기업이 성장해야 한다는 손정의 사장의 생각은 소프트뱅크를 혁신적 도전에 충실한 기업으로 이끌어가고 있다.

> 소프트뱅크는 IT혁명에 투자하는 회사형 투신이라고 생각해도 좋다. 사업이익에 대한 나의 관심은 제로이다.[20]

그의 말처럼 소프트뱅크는 투자회사의 자세를 철저히 지키며 성장하고 있다. 사실 창업자가 아닌 봉급을 받는 CEO에게 리스크를 수반한 투자는 감당하기 어려운 것이 현실이다. 소프트뱅크는 2000년대 들어 IT버블 붕괴로 힘겨운 시간을 보내면서도 유망사업에 과감하고 혁신적인 투자를 지속했고 그 결과 경영실적이 급성장했다. 2000년도 초에 비해 매출액 기준으로 7배 이상 성장했으며 영업이익률이 20%에 육박하는 수준까지 도달했다. 투자에 의한 소프트뱅크의 수익성은 전 세계 기업들에 큰 타격을 준 글로벌 경제위기 상황에서도 기업을 지탱할 수 있는 능력을 만들어주었다.

---

20 1999년 소프트뱅크 결산 설명회.

기업진화의 4가지 요소

컴퓨터 소프트웨어 도매업으로 출발한 소프트뱅크는 출판, 인터넷, 휴대전화로 그 영역을 넓혀왔다. 2011년 소프트뱅크는 매출 3조 엔, 영업이익 6,300억 엔, 종업원 수 2만 명이 넘는 기업으로 성장했다. 소프트뱅크의 기업 역사에서 M&A만 주목하는 경우가 많은데, 그 이상으로 많은 합작회사를 만들고 지분투자를 했다. 그리고 새로운 비즈니스모델을 만들어왔다. M&A, 합작회사, 지분투자, 직접 개발한 새로운 비즈니스모델 등 4가지는 손정의 사장이 중요시하는 기업진화의 메커니즘이다.

IT버블 붕괴 여파로 2000년대 초 영업이익률이 적자를 기록하는 부진을 겪었으나 이후, 인터넷 기반 사업에서 휴대전화 및 통신사업의 대형 M&A[21]를 성공시키며 높은 성장과 함께 사업구조 또한 엄청난 변화를 가져왔다. 2010년 기준 매출의 80%가 통신 분야에서 발생하고 있으며, 스마트폰과 SNS의 활용이 확대되면서 이는 더욱 성장할 것으로 보인다.

20세기 공업사회에서는 대량생산과 대량판매가 가장 효율적이고 경쟁력 있는 전략이었기에 기업들은 하나의 브랜드,

---

21 2004년 니혼텔레콤을 자회사화하여 유선통신사업에 참여했으며, 2005년 케이블&와이어스IDC를 인수하고, 2006년 4월 보다폰Vodafone을 인수하여 이동통신사업에 진출했다.

하나의 비즈니스모델만으로도 성공할 수 있었다. 그 결과 공룡들처럼 막강한 규모와 강력한 힘을 가진 기업이 경제를 지배했다. 그러나 환경이 변하자 공룡들은 멸종하고, 새로운 생각과 재빠른 움직임으로 환경변화에 적응할 수 있는 지혜로운 생물만이 살아남았다. 기업도 마찬가지이다. 시장, 환경 그리고 기술의 변화속도가 빠르면 하나의 비즈니스모델만 고집하는 기업은 망하고 말 것이다. 이를 피할 수 있는 방법으로 손정의 사장은 이종異種 교배의 필요성을 이야기한다.

300년 기업을 향하여

2010년 6월 25일 정기주식총회에서 손정의 사장은 신 30년 비전을 발표했다. 2009년 6월 창업 29기 정기주식총회에서 공표한 사실을 실행에 옮긴 것이다. 30년 비전의 발표장이었으나, 그가 준비해온 것은 300년 기업 비전이었다. 소프트뱅크가 앞으로 300년 동안 성장할 수 있는 기업이 되기 위한 기업방향을 제시한 것이다. 소프트뱅크라는 기업은 무엇을 위해 사업을 하고, 앞으로 무엇을 이룰 것인가를 한마디로 표현한 말이 이것이다.

정보혁명으로 사람들을 행복하게 하고 싶다.[22]

22 "ソフトバンクの新30年ビジョン"(2010. 6). 정기주식총회.

300년 기업의 비전을 구상하며 손정의가 이야기하는 미래에는 재미있는 것들이 많다. 예를 들어 지능형컴퓨터(腦컴퓨터), 인간 수명 200세 등이다. 너무 먼 미래라 생각되어 조금은 현실감 없게 느껴질 수도 있으나, 사람들의 행복을 목표로 소프트뱅크가 만들어가고자 하는 미래는 무척 흥미로울 것이다.

나는 아직 멀었다고 생각한다. 300년 기업이 되기 위해 앞으로 수백조 엔의 사업을 하려고 마음먹었다면 운영하는 회사 규모는 수천 개, 수만 개에 달할지도 모른다. 지금은 예행연습에 불과하다. 보통 사람이 본다면 바보나 혹은 상식에 벗어났다고 하겠지만, 때로는 미친 사람이 없다면 세상은 발전하지 않는다.[23]

2010년 7월에는 소프트뱅크 아카데미아가 문을 열었다. 손정의 사장이 자신의 후계자를 찾고 소프트뱅크의 다음 세대를 이끌어갈 경영자 군단을 양성하기 위해서였다. 이는 일반적인 사원교육 프로그램이 아니다. 후계자를 양성하기 위한, '손정의 2.0'을 만들기 위한 것이다. 후계자의 기본 조건은 다음의 3가지이다.[24]

---

23 위의 글.
24 위의 글.

① 정보혁명 테크놀로지에 대한 깊은 통찰력

② 파이낸스에 관한 충분한 지식

③ 뛰어난 리더십

후계자의 조건 중에서 무엇보다 중요한 것은 정보혁명에 대한 높은 지식과 깊은 애정이라는 것이 손정의 사장의 생각이다. 장래성이 높은 인물 300명 정도를 생도로 선별했는데, 사내뿐 아니라 외부에서도 30명 정도의 인물을 뽑았다. 매주 수요일 저녁 손정의 사장이 초대 학장으로 직접 수업을 진행하고 전체적인 아카데미아의 운영 책임을 맡고 있다. 한두 달 교육으로 끝나는 것이 아니라 수년 동안 직접 지도하고 경쟁시키면서 인재를 양성할 계획이다.

최첨단 기술과 최고의 비즈니스모델을 이용한 정보혁명으로 사람들의 행복한 삶에 공헌하고 싶다는 손정의 사장. 강력한 리더십을 발휘하는 오너와 지칠 줄 모르는 변신 DNA를 가진 소프트뱅크의 미래가 기대된다.

손정의가 말하는 300년 기업

기업은 적어도 300년 이상은 지속해야 한다고 생각했다. 나의 물리적 생명은 앞으로 수십 년이면 끝나겠지만, 기업은 소속된 사원들이 계속 바통을 이어가면서 영속할 것이다. 이를 위해 기업의 DNA를 만들어야 한다. 300년 동안 계속 성장하는 기업을 만들고 싶다. 그것도 작은 규모가 아니라 세계적인 기업을 만들고 싶다.

약 40억 년 전에 탄생한 생명체는 박테리아에서 현재의 인류로 진화했다. 여기에는 '진화'라는 메커니즘이 작용했다. 생명체에는 개체수를 늘리는 '증식'과 자신을 변화시키는 '진화'라는 2가지 메커니즘이 있는데, 증식의 경우 하나의 종種이 살아남는 데 불과하다. 즉 박테리아는 줄곧 박테리아인 상태로 살아가는 것이다. 그러나 여기에 진화라는 메커니즘이 있기 때문에 박테리아가 인간으로 바뀔 수 있었다. 증식이든 진화든 열쇠는 '교배'이다. 교배에 의해 종은 증식하기도 하고, 때로는 돌연변이를 일으켜 진화하기도 한다. 진화는 증식보다 빈번하게 일어나지 않는다. 그러나 300년간 번영하기 위해서는 이러한 진화의 메커니즘을 의도적으로 이식해야 한다.

30주년을 맞는 소프트뱅크는 아직 서장序章에 지나지 않는다. 창업자인 내가 현역에 있을 때 이 메커니즘을 그룹 전체에 침투시켜야 한다고 생각한다. 시장, 환경 그리고 기술의 변화속도가 빠르면 하나의 비즈니스모델만 고집하는 기업은 멸망하고 말 것이다. 이를 피할 수 있는 방법은 이종異種과 교배하는 것이다. 우리는 지금까지 총 800개가 넘는 기업에 투자를 해왔다.

자료 : 田村俊一 (2010). "進化する變態企業", 《日經ビジネス》, 1527號, pp. 21~25.

소프트뱅크는 1980년 미국 캘리포니아 대학 버클리를 졸업하고 일본으로 돌아온 손정의에 의해 1981년 PC용 패키지 소프트웨어를 판매하는 작은 상점으로 시작했다. 이후 소프트 기획, PC정보잡지 창간, PC Net 등에 진출하며 사업을 확장했다. 특히 야후재팬, 보다폰 등 인터넷 통신으로 사업영역을 넓히며 끊임없는 기업의 진화를 통해 급성장했다. 2011년 3월 결산 매출 3조 엔, 영업이익률 20%에 달

┊ 그림 20 ┊ 경영실적

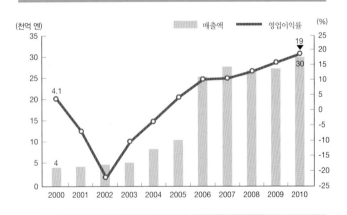

자료 : Thomson One Banker DB를 활용하여 작성.

하며 종업원 수 2만 1,799명으로 성장을 지속하고 있다.

2000년대 초반까지 인터넷 기반 정보사업과 전자상거래가 사업의 주축이었으나, 보다폰을 인수하면서 이동통신, 광통신 사업비중을 확대하며 종합 인터넷·통신기업으로 성장했다. 손정의라는 탁월한 리더의 오너십을 기반으로 300년 기업이 되기 위한 새로운 변화들을 모색하고 있다.

: 그림 21 : 사업구조 변화 : 사업부별 매출 비중과 매출액(억 엔)

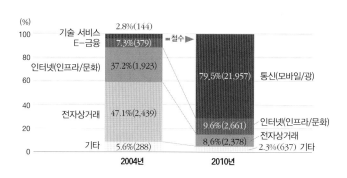

자료 : Thomson One Banker DB와 연차보고서를 활용하여 작성.

3

화이부동

和 而 不 同

같은 듯 다른 기업으로 변모하다

군살을 빼고 신속히 추격한다

내부역량은 여전히 강하지만 외부충격을 강하게 받은 기업
은 주로 기업생태계 변화에 둔감했던 일류기업들이다. 기존
의 주력사업에서 막강한 경쟁력을 갖추고 있었으나, 세계
경기악화나 업계 공통의 환경악화 등으로 크게 타격을 받고
재도약을 위한 변신을 모색하는 상황이다.

여기에는 특히 변화에 취약했던 일본기업들이 많다.
1990년대 말 아시아 경제위기와 2000년대 초 IT버블 붕괴
등 위기가 계속되는 가운데 한국 등 신흥 강자 기업의 도전
이 거세지자 사업 전반에 걸쳐 실적악화에 직면했다. 일본
이 거대한 내수시장에 의존하여 글로벌화를 미루고 갈라파
고스 제도처럼 고립되어간 것과 궤를 같이했다고 볼 수 있
다. 든든한 내수시장의 존재가 오히려 변신을 가로막는 결
과를 초래한 셈이다.

이 유형에 속한 기업들은 먼저 대대적인 구조조정으로 체

질을 개선하는데, 선택과 집중 원칙하에 저수익 사업 분야에서 철수한다. 고부가가치 사업을 적극적으로 육성하고 축적된 기술력을 바탕으로 미래 성장산업을 개척한다.

다음으로 기업변신의 성공전략산업 간의 가치사슬을 통합해서 시너지 효과를 추구한다. 현재 생산·마케팅·판매·물류·서비스 등의 가치사슬을 점검하고 고수익 분야를 지원하기 위한 가치사슬을 구축해야 한다.

∷표 10∷ 화이부동형(4사분면) 기업

기업명	업종	매출액(2010년)	변신 내용(2000~2010년)
머크 (미국)	제약	460억 달러	제약 중심 사업 → 생명공학 분야적극 육성
지멘스 (독일)	복합기업	1,034억 달러	전기전자 중심 → 신재생에너지, 헬스케어
파나소닉 (일본)	전기전자	8조 9,000억 엔	종합전기전자 → 주택 생활산업 강화
다우케미컬 (미국)	종합화학	537억 달러	플라스틱 종합화학기업 → 글로벌화 및 첨단소재 강화
히타치 (일본)	복합기업	9조 3,000억 엔	전기전자 중심 → 전력&건설 등 사회인프라 사업 확장
미쓰비시상사 (일본)	종합상사	19조 엔	무역 중심 사업 → 생활산업 분야 확대
스미토모화학 (일본)	종합화학	2조 엔	석유화학 중심 → 전지재료, 정보화학 분야 확대

01

지멘스

다시 일어선 유럽 근대 산업사의 산증인

160년 혁신의 역사

한때 '독일의 삼성'으로 알려졌던 지멘스Siemens는 현재 산업
재, 에너지, 헬스케어 등의 사업 분야를 거느린 유럽 최대
엔지니어링 복합기업이다. 2011년 회계연도 매출과 영업이
익은 각각 986억 달러와 105억 달러를 기록했고, 전 세계
190개국에 진출해 36만여 명의 직원을 두고 있다. 2011년
포브스 글로벌 2,000대 기업 45위에 등재되어 있으며, 전
세계 복합기업 업종 내에서는 GE 다음으로 2위를 기록하고
있다. '지멘스=국가'라는 등식이 있을 정도로 다양한 산업
에서 국가와 버금갈 정도의 강력한 영향력을 행사해왔고,
160년에 걸쳐 세계를 움직인 위대한 혁신사업과 제품을 창

조하며 업계를 주도해왔다. 첨단기술로 산업사를 이끌어온 지멘스의 위상은 지멘스 창립가문의 선천적 '창조 DNA'에 기인한다고 볼 수 있다.

지멘스는 세계 최초로 오늘날 전화의 원형인 다이얼 전신기를 개발했고, 유럽 전역에 전신 인프라를 구축했으며, 유럽에서 태동하여 세계를 뒤흔든 2차 산업혁명의 주역이기도 했다. 1879년 전력공급 시스템을 사용하는 세계 최초의 전동차를 개발하여 1881년 베를린에 전차를, 1890년대 런던과 부다페스트에 지하철을 완공했다. 1920년대에는 라디오, 텔레비전, 전자현미경을 제조하기 시작으며, 이어 1950년대에는 컴퓨터, 반도체 기기, 세탁기, 심장박동기까지 생산했다. 이후 1980년대에는 최초의 디지털 방식 전화교환 시스템을 생산했으며, 1997년 최초로 컬러 액정 GSM 휴대전화를 개발하는 등 그야말로 20세기 산업 역사의 산증인이자 주역으로 큰 영향력을 끼쳐왔다.

지멘스가 배출한 경영자들

오랜 역사를 지닌 기업들이 많은 독일에서도 지멘스 가문은 특별한 경영자를 많이 배출한 것으로 유명하다. 창업자 에른스트 베르너 폰 지멘스Ernst Werner von Siemens는 1816년 독일 하노버 인근 렌테 지역의 가난한 농가에서 10형제 중 맏이로 태어났다. 가난 탓에 학교 교육도 제대로 받지 못한 그는 입대를 선택했다. 포병학교 사관후보생이 된 베르너는 탄도학, 수학, 물리학 등의 기초교육을 받았다. 1846년 베르너는 장거리 무선전신에 쓰일 수 있는 다이얼 전신기를 발명했고, 이 발명을 계기로 본격적으로 사업에 뛰어들었다. 그리고 이듬해인 1847년 기계공인 요한 게오르크 할스케Johann Georg Halske와 동업하여 '지멘스-할스케 전신 건설회사'를 설립했다.

이후 지멘스의 사업을 본격적으로 확장한 것은 창업자 베르너 폰 지멘스의 두 동생 빌헬름과 카를이었다. 빌헬름이 고품질의 강철을 만드는 혁신적 제강법인 '평로법'으로 근대 제철업의 문을 열고 지멘스의 과학기술을 발전시켰다면, 카를은 러시아 전신망 사업을 수주하는 등 사업수완을 발휘하여 지멘스를 성장시켰다. 그러나 지멘스는 독일이 제1차 세계대전에서 패배하면서 위기를 맞았다. 독일의 패전으로 영국과 러시아 등 해외 자산을 대부분 몰수당한 것이다. 위기의 순간 창업주 베르너의 아들 카를 프리드리히 폰 지멘스 Karl Friedrich von Siemens가 등장한다.

패전 후 맞은 위기

제1차 세계대전 패배로 지멘스는 자기자본의 40%가량을 잃었으며 해외 자산의 대부분과 특허권도 상실했다. 이에 카를 프리드리히는 조직개편을 단행하면서 날이 서린 구조조정을 주도했다. 모든 사업부문을 지멘스-할스케 사와 지멘스-슈커트 사라는 2개의 지주회사 체제로 정비했다. 여기에 경영이사회와 감독이사회를 통한 지멘스 가족의 지배구조를 확고히 다지며 지멘스를 성장궤도로 복귀시켰다. 또한 1927년 독일 국가철도회사의 경영이사회 의장을 맡았으며, 1931년에는 독일 전기기술협회의 초대 의장을 맡기도 했다.

히틀러가 이끄는 나치의 등장은 지멘스에 또 다른 위기였다. 1933년 히틀러가 정권을 잡으면서 지멘스는 전쟁물자 공급에 나서야 했다. 민간용 제품 생산이 전면 금지되었고 전쟁물자 생산만 가능했다. 전쟁 기간에는 연합군의 폭격과 이에 따른 피해가 컸다. 하지만 이것이 전부가 아니었다. 전후 지멘스는 더 큰 위기에 봉착했다. 연합군은 나치가 전쟁을 수행할 수 있었던 것은 대기업의 지원 덕이라고 판단해 지멘스를 비롯한 독일의 주요 대기업들을 해체하려고 했다. 카를 프리드리히는 연합군 측을 설득하며 그룹 해체 막기에 나섰고 결국 지멘스 해체계획은 1951년 철회되었다.

카를 프리드리히의 뒤를 이어 아들 에른스트 폰 지멘스 Ernst von Siemens가 지멘스를 맡은 1966년 이후 현 지배구조의 골격이 갖춰졌다. 당시 지멘스 가문은 3개의 지주회사를 거느리고 있었는데, 공동 감독이사회 의장을 맡고 있던 에른스트는 지주회사들을 하나로 통합해 그룹 형태로 지멘스를 재조직하고 전문경영인 체제로 탈바꿈시켰다.

현재 지멘스 가문의 보유 지분은 5.5%로 최대 주주의 위치를 차지하고 있으며, 지멘스 가족들이 나눠 보유하고 있는 이 지분은 현재 신탁회사를 통해 위탁관리되고 있다.

서서히 기울어가는 제국

지멘스는 160여 년의 역사를 거치는 동안 산업 트렌드에 맞추어 신사업을 추진하고, 또한 사업구조를 조정해왔다. 그러나 시간이 지날수록 덜어내기보다는 새로운 사업을 더해가는 식의 방만한 경영을 지속함으로써 조직은 점차 둔해지고 수익성은 악화되어갔다. 2000년 당시 발전, 헬스케어, 자동화 시스템, 운송, 전기전자, 통신장비 등 13개의 서로 다른 사업들을 보유하는 거대한 복합기업의 모습을 갖추었으나 조직은 너무 비대해졌다.

발전·의학 시스템·자동화 부문 실적은 괜찮은 편이었으나, 운송·통신장비 부문의 실적은 크게 악화되어 지속적인 조직운영에 큰 부담으로 작용했다. 지멘스는 점점 시대의 변화에 빠르게 대처하지 못하는 느림보 유럽 기업으로 인식되기 시작했다.

과감히 버리고 다시 일어서는 변신 저력

조직에 어두운 분위기가 독버섯처럼 퍼지고 있었던 1990년대 후반, 지멘스는 새로운 도전을 시작했다. 지금까지 꾸준히 사업조정을 지속해왔지만 과감히 자사의 핵심부문까지도 도려내는 행보를 보인 것이다. 반도체, 광케이블 등 간판상품인 전기전자 부문 시장에서 경쟁력 약화를 직시하고 분사·매각했다. 1999년 반도체 사업부를 인피니온 테크놀로지스로 분사시킨 것을 계기로, 과거 지멘스의 핵심사업부와 조직 내 캐시카우 역할을 담당했던 사업부들을 정리하거나 구조조정을 단행했다.

2005년에는 16년간 지멘스의 수장을 맡았던 하인리히 폰 피에러Heinrich von Pierer가 경영 일선에서 물러나고, 전 지멘스 전략 수립가인 클라우스 클라인펠트Klaus Kleinfeld가 새롭게 CEO로 임명되었다. 클라인펠트는 손실이 6억 1,000만 달러에 달해 실적악화의 주범이었던 휴대전화 사업부를 대만 벤큐 사에 4억 3,000만 달러에 매각했다.

2007년 뇌물 스캔들이 불거지면서 클라인펠트가 중도 하차하고 페터 뢰셔Peter Löscher가 CEO로 취임하면서 조직변신을 이어가고 있다. 2007년 자동차 부품 자회사 VDO를 160억 달러에 매각하고, 미국 의료스캐너 기업 데이드베링을 70억 달러에, 바이엘의 진단장비 사업부를 42억 유로에 인수했다. 그리고 2011년 원전사업부와 컴퓨터 서비스 사업부를 12억 달러에 매각하는 등 과감한 조직변신을 단행해왔다.

지멘스가 꿈꾸는 미래

지멘스는 현재 인더스트리, 에너지, 헬스케어를 중심으로 사업부를 운영하고 있다. 인더스트리 부문은 제조 및 공정 자동화, 교통 그리고 빌딩 시스템 분야에서 하드웨어와 소프트웨어 기술을 통합한 솔루션을 제공한다. 건물, 도로 등이 건설되면 실제로 이를 효율적이고 쉽게 운영할 수 있는 방법을 제공해주는 것이다. 건물 보안 · 냉난방 · 수도 · 전력 등 건물 안에서 일어나는 모든 것을 통합 관리할 수 있는 지멘스 솔루션이 적용된 건물은 세계 도시 어디에서도 쉽게 찾아볼 수 있다.

에너지사업 부문에서 지멘스는 다른 기업보다 한발 앞서 친환경기술을 도입하며 시장을 선도하고 있다. 특히 터빈 제조를 기반으로 한 풍력 분야는 지멘스 대표사업 분야라고 해도 과언이 아니다. 지금까지 약 7,000개 이상의 풍력 터빈을 설치해 해외사업 부문에서 풍력시장을 선도하고 있다. 발전과 송 · 변전, 석유 및 가스 추출 변환, 운송 관련 제품 및 솔루션 제조 분야에서도 지멘스의 이름은 널리 알려져 있다. 질병 예방과 진단, 치료를 위한 영상진단 제품 및 IT 솔루션을 제공하는 헬스케어 분야는 지멘스 기술력을 확인할 수 있는 가장 확실한 분야이기도 하다.

지멘스는 이와 함께 2011년 10월 네 번째 사업부문인 '인프라와 도시Infrastructure & Cities'를 본사 및 전 세계 지사에서 출범시켰다. 세계 GDP의 50%를 차지하고 80%의 에너지를 소비하며 75%의 이산화탄소CO_2를 배출하는 도시에서 새롭게 파생되고 있는 사업기회를 선점한다는 전략이다. 이것은 단순히 도시 인프라를 제공해준다는 사업전략만이 아니라 '도시를 판다'는 혁신적인 개념이다. 즉 건설, 지능형 빌딩, 보안, 조명, 안전 등 도시를 중심으로 하는 통합 솔루션을 제공한다는 거대한 청사진을 그리고 있다. 도시화라는 전지구적 트렌드를 읽고 R&D를 기반으로 다양한 제품과 기술을 선보이는 지멘스의 모습은 160년 전이나 지금이나 다를 게 없다.

지멘스는 4개 사업군에서 '친환경'이라는 가치에 주목하고 있다. 2007년 외부감사기관인 프라이스워터하우스쿠퍼에 의뢰, 친환경 포트폴리오 및 관련 사업을 수치화해오고 있는 것도 이 때문이다. 친환경 기술개발 R&D에 연간 매출의 5% 이상을 투자하며 다양한 미래 먹을거리 창출에 힘쓰고 있다. 2014년까지 친환경기술을 통해 매출을 400억 유로로 올린다는 목표이다. 2011년까지 250억 유로 이상 매출을 달성하겠다는 기존 목표는 280억 유로 매출을 올리며 이미 초과 달성했다. 또한 자사의 친환경 포트폴리오 제품과 솔루션으로 세계 고객의 CO_2 배출량 총 2억 7,000만 톤을 절감했다. 이는 홍콩, 런던, 뉴욕, 도쿄, 델리와 싱가포르의 연간 CO_2 배출량을 합친 것과 같다. 지멘스는 고효율 복합

사이클 발전소, 풍력, 발전소 업그레이드 프로젝트, 고효율 조명 시스템과 친환경 열차 등 2011년 가장 많은 CO_2를 절감한 분야와 신성장동력으로 삼고 있는 스마트그리드Smart Grid 분야에서 2014년까지 60억 유로 규모의 수주를 예상하고 있다.

지멘스 변신의 힘, 정교한 미래 예측 프로세스

1990년대 이후 기울어가고 있던 지멘스가 다시 변신에 성공할 수 있었던 원동력은 지멘스가 가진 최고의 강점, 바로 '미래 예측 프로세스'에 있다. 지멘스는 '관찰(현상) → 인식(진단/환경 관찰) → 생각(분석/트렌드) → 이해(예측/통찰) → 계획(전략/개발) → 변화(실행) → 배움(실전 연습)'이라는 미래 시나리오 프로세스에 걸쳐 각 부문별로 상세한 방법론과 프로세스를 구축하고 있는 것으로 유명하다. 특히 미래상 예측에 대해서는 근미래 전망과 원미래 전망의 조합이라는 기본적인 방향으로 A부터 Z까지 체계적인 방법론을 구축하고 상당한 자원을 투입하고 있다.

지멘스는 향후 우리 생활을 획기적으로 바꿀 수 있는 신사업 기회와 미래 기술을 발굴하기 위한 미래 연구 프로그램 PoF Picture of the Future를 2001년부터 운영하고 있다. 매년 2회 발간되는 PoF 보고서에는 매호별 3개의 주제(산업·미래 키워드)에 대해 각각 트렌드, 시나리오, 관련 세부 기술을 분야별 전망 및 전문가 인터뷰 등 정형화된 형식으로 담고 있다. 특히 지멘스 관점에서 본 미래 사회 및 기술전망 외에 현재 수행하고 있는 R&D 현황까지 포함하고 있어 관련 분야의 최신 연구와 사업 동향을 파악할 수 있다.

PoF 보고서는 기술적인 상세한 내용 외에 미래 사회 모습에 대한 컬러풀한 도표와 그림 등이 많이 포함되어 있어 가독성이 매우 높다. 2006년, 2008년 및 2009년에는 각각 기술커뮤니케이션학회Society of Technical Communication에서 주관하는 상을 휩쓸기도 했다. 매호 10만 부 정도의 인쇄본이 100개 이상의 국가에 배포되고 있으며 독어, 영어판 외에 프랑스어, 러시아어, 중국어, 포르투갈어 및 터키어로도 번역되고 있다. 인터넷에서도 내려받을 수 있어 지멘스의 혁신역량을 홍보하는 수단이기도 하다. 이 보고서는 기업 내부뿐만 아니라 다른 기업 또는 기관, 대학, 파트너들과의 커뮤니케이션에도 큰 도움이 되고 있으며, 이 같은 경험을 바탕으로 몇 년간 미래 연구 분야에서 역량을 축적하고 있다.

지멘스의 중장기 전략은 다음과 같이 수립된다. 먼저 로드맵을 활용하여 현재 사업 분야의 중기 비전 및 전략방향을 설정한다. 물론 단기와 중기의 실제 기간은 사업 성격에 따라 다르다. 하지만 장기 전략은 현 사업의 직선적 연장이 아니라 사회, 인구변화, 기술발전, 환경 등 사회변동의 주요 핵심동인 사이의 상호작용을 통해 생성되는 미래 사회 모습을

자료 : 지멘스 홈페이지 〈www.simens.com〉.

상정한 후 이를 기반으로 시간을 거슬러 역추적Back-extrapolation
함으로써 시나리오로 구체화한다. 그리고 최종적으로 이 2가
지 모습을 통합하여 전략적 비전을 수립한다. 지멘스 내부의
전문 컨설턴트가 전체 PoF 과정을 주도하고, 각 사업부에서
는 관련 전문가를 파견하여 태스크포스 형태로 운영한다.

  초기에는 PoF 결과의 활용성, 각 R&D 과제와의 연계성
및 산출물의 불확실성 때문에 주저했으나, 이 과정을 통해
사업부와 협업이 강화되고 구체적인 성과가 나옴에 따라 매
우 활발해졌다. 또한 전체 연구과정 중에 인터뷰 등을 통해
외부 전문가를 활용하여 새로운 시각을 도입하는 것을 매우
중요시한다. 지멘스의 PoF는 민간기업에서 미래 연구가 어
떻게 신사업 · 기술을 발굴하는 데 활용되는지 보여주는 좋

은 사례로, 국내 민간기업뿐만 아니라 공공부문에서도 적극적인 벤치마킹이 필요할 것으로 보인다.

통합 솔루션 지멘스원

지멘스는 다양한 사업부문에 산재하는 기술과 제품을 결합하여 통합된 서비스를 제공함으로써 새로운 사업기회를 창출하는 협업 프로세스를 갖추고 있으며, 이것이 2000년대 이후 신사업 개발에 중요한 역할을 수행하고 있다. 이는 2004년부터 고객지향적 솔루션 제공을 목표로 진행하고 있는 '지멘스원Simens One' 솔루션으로 대표된다. 부분적인 문제만 보고 관련 기술이나 제품만 팔아서는 제대로 된 해결책을 제시할 수 없다는 것이 기본적인 생각이다.

예를 들어 도시 인프라 사업을 추진할 때 특정 부문에 특화되지 않고 건설, 인텔리전트 빌딩, 보안, 조명, 정보통신, 의료기기, 컨설팅 등 폭넓은 사업부문을 갖춘 조직으로서의 강점을 최대화한다는 것이다. 2008년 완공된 싱가포르의 인공 둑 마리나 제방 건설은 담수화와 정수기술 등을 통합적으로 제공한 사례로 '지멘스원'을 기치로 전 지멘스의 역량이 녹아들어 탄생한 솔루션이다. 페터 뢰셔 CEO는 "고객 만족을 높이기 위한 핵심적 대안 중 하나가 '지멘스원'이다. 이것이 우리의 제품·기술을 결합함으로써 고객에게 최적화된 솔루션을 제공할 수 있기 때문"이라며 지속적으로 이

같은 접근방법을 강조하고 있다.

지멘스가 큰 프로젝트에서 효율적으로 협업할 수 있게 된 배경에는 회사가 갖춘 협업 시스템이 큰 역할을 담당한다. 우선 지멘스원 프로그램을 총괄하는 동명의 조직을 본부 내에 설치하여 협업의 강력한 힘을 부여한다. CEO 직속 전사개발Corporate Development팀 내에 동일한 프로그램을 가동시키고 있으며, 40명으로 구성된 전사개발팀은 사업부 간 업무조정과 협업 프로세스를 최대한 지원하여 시너지를 창출한다. 인력은 전담인력 외 프로젝트별로 각 사업부에서 차출하여 운영된다.

한편 지멘스의 협업 시스템은 대략 '객관적 잠재력 평가 → 우선순위 설정 → 유관부서별 심층조사 → 통합 프로젝트 관리'의 순서로 진행되며, 각 산업부문 간 정기회의와 정보공유를 통한 협업이 상시화되어 있다. 이를 통해 지멘스 전체에 녹아 있는 역량을 결합시키는 노력을 단행하고 있으며, 이 같은 노력의 중심에는 지멘스원 프로그램을 총괄하는 기업개발팀이 중요한 역할을 담당한다.

2011년 지멘스가 발표한 '그린시티 인덱스'도 이런 맥락에서 추진되었다. 즉 아시아 22개 도시를 대상으로 에너지 사용, 온실가스 방출, 교통, 쓰레기 처리, 대기 질 등을 종합적으로 평가해 친환경 인프라와 주요 친환경 정책에 등급을 매겼다. 이것은 새로운 사업기회를 모색하기 위한 사전준비

작업의 일환이며, 지멘스의 각 사업과는 별도로 진행되고 있다.

　미래 예측에 상당한 투자를 하는 것은 긴 생명력을 가진 변신기업의 가장 큰 특징이다. 특히, 지멘스는 미래를 예측하는 체계적인 프로세스와 인력을 갖추고 있을 뿐 아니라, 대내외 협업을 통해서도 정확한 미래를 예측하기 위해 노력하고 있다. 그리고 그것은 수많은 부침에도 오뚝이처럼 우뚝 설 수 있었던 강력한 DNA이다.

지멘스는 1847년 전신기 제조업체로 출발하여 제2차 세계대전 이후에는 전기 통신기기 사업과 에너지, 산업 인프라 사업 전반에서 전 세계를 호령한 160년 역사의 복합기업이다. 이미 1800년대 중국 등 아시아에 진출하여 다양한 사업을 영위했을 정도로 당시 전 세계 비즈니스계에서 차지한 비중이 상당했다. 또한 전신망, 전철, 초음파 진단기 등 현대 산업에 큰 영향을 미친 다양한 제품들을 최초로 개발했다.

: **그림 23** : **경영실적**

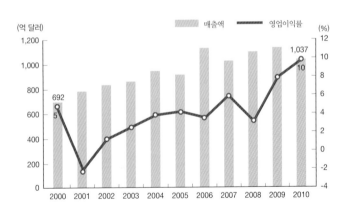

자료 : Thomson One Banker DB를 활용하여 작성.

100년이 넘도록 수십 개에 달하는 사업군을 영위해왔으나 비대해진 조직과 방만한 경영으로 위기를 겪었다. 1990년대 후반부터 구조조정을 단행하여 현재는 인더스트리, 신재생 에너지, 헬스케어, 친환경 등으로 사업 방향을 집중하고, 특히 도시 인프라&시티 사업부를 신설하여 본격적인 도시 인프라 사업에 대비하고 있다. 2011년 매출 986억 달러, 영업 이익 105억 달러를 기록했다.

: 그림 24 : 사업구조 변화

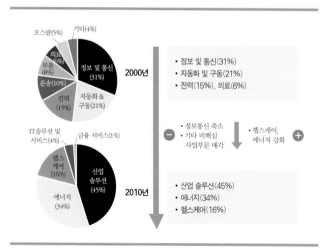

자료 : Thomson One Banker DB를 활용하여 작성.

02

히타치제작소
글로벌화로 거듭나는 복합기업

일본 유일의 복합기업

히타치제작소日立製作所(이하 히타치)는 2011년 기준으로 계열회사만 913개를 거느린 일본 최대의 종합전기그룹이다. 2010년 7월 창업 100주년을 맞은 히타치는 역사만큼이나 사업영역도 광범위하다.

그러나 여느 일본기업들처럼 위기를 피하지는 못했다. 2009년 3월 결산에서 사상 최대 적자를 기록한 후 구조조정과 기업변화를 모색한 결과, 2010년 3월 결산에서 2,388억 엔의 흑자를 기록했다. 오랜 기간 축적해온 전력, 정보산업 시스템 분야에서의 강점을 활용하여 신흥국을 중심으로 한 전력, 도시계발 등의 사회 인프라 사업에서 왕성히 활동하며 탁월한 실적을 올리고 있다. 일본 유일의 최대 복합기업인 히타치는 과연 어떻게 변화하고 있을까?

거인 히타치, 위기를 맞다

1998년 10월 영국의 《이코노미스트》는 "추락하는 히타치는 일본경제의 축소판"이라는 기사로 위기에 처한 히타치를 분석했다. 1949년 이후 단 한 번의 적자도 기록한 적이 없었던 일본 최고의 블루칩 기업이 1999년 3월 결산에서 1,000억 엔 규모의 적자를 기록했다. 도시바의 1.5배, 미쓰비시의 2배 규모로 일본 전자업계에서도 최고의 자리를 주름잡던 히타치의 부진은 급변하는 정보통신 환경에 발 빠르게 대응하지 못한 것이 주된 원인으로 지적되었다. 1991년부터 히타치를 이끌어온 가나이 쓰토무金井務가 실적악화의 모든 책임을 지고 사임했다.

2000년대 들어서도 힘겨운 싸움은 계속되었다. 급성장한 한국기업과 경쟁하며 엔고 환경 속에서 고군분투했으나 수익성 개선에서는 좋은 결과를 내놓지 못했다. 결국 2009년 3월 결산에서 7,873억 엔의 적자를 기록하며 일본 제조업 중 사상 최대 금액이라는 불명예 기록을 달성하고 말았다. 히타치는 과거 10년간 디지털 가전사업의 실패가 적자의 지속으로 이어져왔다고 할 수 있다. 리먼 쇼크의 영향으로 모든 부문에서 적자를 기록하고, 특히 반도체 관계사인 르네사스가 거액의 적자를 내며 거대 기업인 히타치도 대대적인 구조조정에 들어갈 수밖에 없는 환경에 처했다.

그 결과 히타치는 본사 중심의 신속한 의사결정으로 적자의 원흉이었던 자동차 기기 부문과 디지털 가전 부문을 2009년 7월에 분사시키고, 자동차 기기 부문은 전 세계 약 4,000명, 디지털 가전 부문은 전 세계 3,000명 규모의 구조조정을 실시했다. 엄청난 출혈과 함께 히타치는 다시 태어나기를 원했다.

과거를 버린 히타치

히타치는 업계 재편에 박차를 가했다. 2008년 가을부터 급속하게 악화된 반도체 시장에서 55%의 출자 비율을 보유한 르네사스테크놀로지[25]를 NEC일렉트로닉스와 경영통합을 통해 30%까지 지분을 낮추며 구조조정에 들어갔다. 2010년 4월 르네사스일렉트로닉스라는 새로운 회사가 탄생하고, 그 후 구조조정을 통해 수익성 개선을 달성했다. 그 결과 2011년 3월 결산에서 히타치는 20년 만에 역대 최고 이익을 갱신했다.

히타치의 변신은 오랜 기간 버리지 못했던 사업들의 정리에서부터 시작되었다. 버림의 진수를 보여준 사업은 하드디스크드라이브HDD 사업이었다. 2011년 3월 히타치는 미국

---

25 2003년 히타치제작소와 미쓰비시전기가 시스템 LSI사업을 통합하여 만든 합병회사.

의 히타치 글로벌 스토리지 테크놀로지스HGST를 웨스턴디지털WD에 매각했다. HGST는 2003년 히타치가 미국 IBM의 HDD 사업을 20억 5,000만 달러에 사들여 설립한 회사로, 전 세계 직원 수만 4만 명이 넘을 정도였다.

HGST는 2010년 부임한 나카니시 히로아키中西宏明 사장과도 깊은 관계가 있다. 나카니시 사장은 사장 취임 전인 2005년 6월 HGST의 CEO로 취임했다. 2003년 설립 이후 적자를 지속해오던 HGST를 다시 살리기 위해서였다. HGST의 문제점은 신제품 개발 속도, 품질, 생산효율성 저하 등이었다. 나카니시 사장은 경영진을 대거 교체하고 경쟁사의 인재를 등용하여 기술혁신과 생산효율 개선에 착수했다. 그 결과 2008년 HGST는 흑자사업으로 전환되었다. 이렇게 힘겹게 흑자화한 사업을 사장 취임 후인 2011년 3월 매각한 것이다. 그 이유는 나카니시 사장이 생각하는 히타치의 중장기 핵심사업에 포함되지 않기 때문이었다.

HGST의 매각에서도 잘 알 수 있듯이 히타치는 기업 재건을 위한 신성장사업과 핵심사업을 확고히 하고 핵심사업에서 벗어나는 사업은 정리하기 시작했다. 예를 들어 수익성이 악화된 TV 산업은 상품개발 기능만 유지하고 관련 기술은 중국, 터키 등에 로열티를 받고 수출하는 방식으로 철저한 수익성 개선에 나서고 있다. 그 외에도 엘피다메모리의 보유 주식을 방출하고, 휴대용 단말기 사업을 카시오와 통합하며, ATM 등 정보기기사업을 오므론과 합병하는 등 사업 합리화에 전사적인 역량을 집중하고 있다.

컴퍼니제도 도입으로 의사결정 스피드 강화

히타치는 대규모 조직으로 항상 의사결정의 지연 문제가 지적되어왔다. 그에 따라 2009년 10월 그룹 전략과 병행하여 의사결정 시간을 줄이기 위해 컴퍼니제도[26]를 도입했다. 각 사업부에 의사결정권을 주고, 각 사업부의 리더가 전략, 사업계획, 수익목표 등을 제시하며 그 성과를 본사에 보고하는 방식으로 독립성을 보장하는 것이다.

수익성이 악화되거나 문제가 발생할 때에는 대응을 위해 사업부 단위로 개선안을 제시하고 그 프로세스와 결과를 본사에 월 단위로 보고한다. 그러면 본사에서는 사업부별 평가를 위해 태그를 부여한다. 일종의 평가 카드로 '우량', '보통', '주의 필요', '대책 필요'의 4단계로 나누어 영업이익에 따라 각 단계를 부여하는 것이다. 최초 경영목표를 설정하고 2년 연속 적자가 발생할 경우 사업에서 철수하는 원칙을 적용하고 있다. '우량' 사업부일 경우 100억 엔 단위의 투자도 자율적인 판단으로 실행에 옮길 수 있으나, '대책 필요'

---

26 각 사업부문을 그룹회사의 법인으로 간주하여 투자, 인사권 등의 의사결정권을 부여함으로써 의사결정 속도를 높이는 제도.

평가를 받을 경우에는 개선안을 매달 본사에 보고해야만 한다. 이러한 프로세스로도 수익성이 개선되지 않으면 사업 축소나 철수를 검토한다. 컴퍼니제도는 도시바가 이미 약 40개의 사업 단위로 적용하여 높은 성과를 거두고 있다.

사회 이노베이션 사업으로 기업 재건

히타치는 2011년 6월 '2012 중장기 경영계획'을 발표했다. 글로벌화, 융합, 환경을 키워드로 사회 이노베이션 사업을 미래 성장사업으로 육성한다는 것이다. 이를 위해 정보 · 통신 시스템, 전력 시스템, 사회 · 산업 시스템, 건설기계, 고기능 재료 등으로 부문별 핵심사업을 정의하고, 신흥국을 중심으로 급격히 수요가 증가하고 있는 철도, 전력 시스템 등 사회 인프라 사업에서의 경쟁력을 확대하고 있다. 2010년 6월 미쓰비시중공업과 해외 철도 시스템 사업에서 협력하기로 합의했고, 2011년 3월에는 미국의 GE와 오랜 기간 지속해온 원자력 사업을 더욱 탄탄히 하기 위해 록히드마틴과 제휴를 추진하는 등 사회 인프라 사업역량 확보에 많은 노력을 기울이고 있다.

또 중국을 중심으로 한 환경도시 건설, 상하수도, 전력망 구축 등 인프라 사업에 집중하여 2010년부터 2012년까지 설비투자비 1조 4,000억 엔 중 70%와 연구개발비 1조 2,000억 엔의 50%를 인프라 사업에 투자할 계획으로 여러

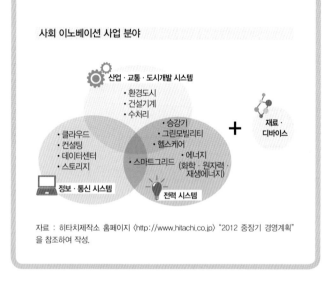

사회 이노베이션 사업으로 변화를 모색하는 히타치

• 2011년 6월 '2012 중장기 경영계획'을 발표하고 사회 이노베 이션 사업을 미래 핵심사업으로 삼아 집중 투자할 계획

– 2012년 매출액 10조 5,000억 엔, 영업이익 5% 이상, 순이 익 2,000억 엔대를 목표로 설정하고 글로벌, 융합, 환경을 키워드로 사회 이노베이션 사업을 육성

사회 이노베이션 사업 분야

산업 · 교통 · 도시개발 시스템
• 환경도시
• 건설기계
• 수처리

• 승강기
• 그린모빌리티
• 헬스케어
• 에너지 (화학 · 원자력 · 재생에너지)
• 스마트그리드

재료 · 디바이스

• 클라우드
• 컨설팅
• 데이타센터
• 스토리지

정보 · 통신 시스템

전력 시스템

자료 : 히타치제작소 홈페이지 〈http://www.hitachi.co.jp〉 "2012 중장기 경영계획" 을 참조하여 작성.

사업에 참여하고 있다. 이러한 노력의 결과, 히타치는 2011년 3월 결산에서 사상 최대 이익을 기록했다. 특히 모든 일본 기업들이 경기악화로 고전하는 환경에서도 두각을 나타내 며 2011년 6월에는 시가총액 2조 973억 엔으로 1997년 이후 14년 만에 소니를 추월했다.

글로벌, 글로벌, 또 글로벌

2010년 4월 1일 나카니시 사장이 취임한 2010년 4월 1일은 신입사원 입사식 날이기도 했다. 미국과 유럽 등에서 총괄대표를 지낸 해외파 나카니시 사장은 신입사원들 앞에서 영어로 연설하며, 글로벌 경영에 대한 강력한 의지를 표명했다. 그해 5월 발표된 중기 경영계획 설명회에서도 그의 입에서 제일 처음 나온 말은 '글로벌 최우선'이었다.

강력한 CEO의 의지와 함께 히타치는 현지완결형 사업체제 구축을 통해 글로벌 사업 강화를 모색하고 있다. 기존 일본, 유럽, 미주, 중국, 동남아의 5개 지역본사에 인도를 추가하여 6개 지역본사를 설치하고 현지완결형 사업체제를 구축하는 것이다. 그 핵심으로 고성장 중인 중국, 인도 등 아시아 시장 확대에 주력하여 2012년까지 중국, 인도 지역의 매출을 2조 5,000억 엔으로 2010년 대비 32%까지 확대할 계획으로 적극적인 시장 공략에 나서고 있다. 전체 해외시장 매출로 보면, 2010년 43%에서 2012년 50%까지 확대할 계획이다. 일본기업으로는 중국의 산업정책을 입안하는 국가발전개혁위원회와 처음으로 제휴를 맺고 여러 환경 프로젝트를 추진할 계획도 세우고 있다.

글로벌 경쟁력을 향상시키기 위해 글로벌 인력 확보와 관리 · 양성 시스템은 필수일 수밖에 없다. 히타치는 2011년 기준 913개 계열사, 36만 명 임직원의 경력 및 희망직무 등에 대한 데이터베이스를 구축하고 그룹 차원에서 통합 관리하여 언제 어디에서라도 필요한 인력을 글로벌 네트워크를 통해 공유하고 확보할 수 있는 시스템을 구축했다. 예를 들어 신규사업 등에 새로운 인력이 필요할 때에는 각 계열사가 직접 그룹 데이터베이스에서 최적의 인재를 발굴하여 적재적소에 배치할 수 있게 된 것이다.

그뿐만 아니라 신입사원을 뽑으면 일본의 업무관행이나 문화에 젖기 전에 바로 해외에 파견함으로써 그 지역의 핵심인력으로 조기 양성하는 시스템을 도입했다. 조기 현지화를 통해 글로벌 경쟁력을 확보하기 위해서이다. 이를 위해 2012년까지 해외 인력을 16만 명으로 2011년보다 3만 명 이상 늘리는 동시에, 전문지식을 지닌 박사 인력 비율을 30%까지 확대할 방침이다. 또한 해외 현지법인의 간부도 외국인을 적극 등용할 계획이다. 히타치의 직계 해외 자회사 중 '글로벌 포지션 1'으로 불리며 사업전략상 중요한 위치를 차지하는 자회사가 120여 개 있는데, 이 중 100개 정도에 외국인 CEO를 등용할 방침이다.

거인 히타치, 명성을 찾을 것인가?

히타치는 1999년 3월 결산에서 대규모 적자를 내며 위기에 직면한 후 그룹의 힘을 집결하기 위해 '브랜드 플랫폼'이라는 메시지를 발신했다. 브랜드력은 기업의 신용이다. 일본에서 히타치는 안전, 신뢰 등의 이미지가 강한 기업이다. 그러나 미국 브랜드 조사회사 인터브랜드가 매년 실시하는 기업 브랜드 조사에는 100위 안에도 들지 못한다. 2010년 조사에 따르면 코카콜라가 11년 연속 1위, 사회 인프라 분야의 경쟁기업인 IBM이 2위, GE가 5위를 차지했다. 그만큼 히타치는 글로벌 브랜드력에서는 경쟁기업들과 상당한 격차를 보이고 있다.

2010년 7월 창업 지역인 히타치 시에서 창업 100주년 기념행사가 열렸다. 지역 출신 정치가, 히타치 그룹 출신 인사 등 400명 정도가 참석한 가운데, 나카니시 사장은 '이후 100년의 도전'이라는 주제로 연설을 하며 히타치의 비전을 사내외에 알렸다. 사회 이노베이션 사업을 통해 아직 50%에도 미치지 못하는 글로벌 매출액을 향상시키며 글로벌 기업으로 부상하겠다는 것이다.

과연 히타치가 일본기업들이 그동안 지적받아온 갈라파고스화에서 벗어나 글로벌 시장에서 브랜드력을 높여갈 수 있을지 조금 더 지켜볼 일이다.

히타치제작소는 1910년 히타치광산日立鑛山에서 발전사업을 시작으로 정보통신, 전력 시스템, 건설기계, 전자 시스템 등 광범위한 분야로 사업을 확장하며 2011년 기준 계열사만 913개를 거느린 종합전기그룹이자 일본 유일의 복합기업이다. 2010년 창립 100주년을 맞으며 변화를 통해 새로운 역사를 만들어가고 있다. 2011년 3월 결산 매출 9조 3,158억 엔, 종업원 수 36만 명으로, 포춘 글로벌

: 그림 25 : 경영실적

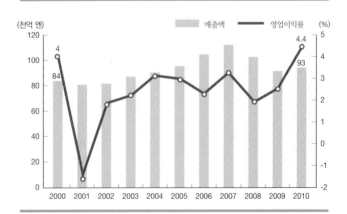

자료 : Thomson One Banker DB를 활용하여 작성.

500 기업 순위에서 40위(일본기업 4위)에 올라 있다.

정보통신, 전력 시스템 사업과 고기능 원료 등의 기반 기술을 바탕으로 신성장산업인 환경도시 건설, 스마트그리드 등 사회 인프라 사업에서 글로벌 기업으로 변화를 모색하고 있으며, 신흥국을 중심으로 신도시 개발 사업에 적극 참여하며 높은 실적을 올리고 있다.

: 그림 26 : 사업구조 변화 : 사업부별 매출 비중과 매출액(억 엔)

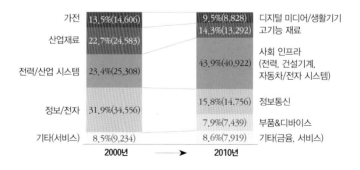

자료 : Thomson One Banker DB와 연차보고서를 활용하여 작성.

4

수구초심

首 丘 初 心

초심으로 돌아가 재기를 모색하다

변신 타이밍을 놓치다

여기에 속한 기업들은 앞의 경우와 달리 변신의 실패사례에 가깝다. 즉 과거의 영광에 도취되어 경쟁력이 현저히 약화된 상태에서 위기에 처한 기업들이다. 상당한 역사를 이어오며 한때 업계의 수위를 달렸으나, 트렌드 변화에 둔감하거나 오판하여 기존 사업의 경쟁우위를 예상보다 빠르게 상실하며 실패 기업 수준으로 전락할 위기에 처했다.

∶표 11∶ 수구초심형(3사분면) 기업

기업명	설립 연도	변신 내용(2000~2010년)
이스트먼코닥 (미국)	1880년	필름·사진 재료 → 디지털 사진 및 디지털 프린팅
NEC (일본)	1899년	가전, 반도체 등 종합전자기업 → 통신, 컴퓨터 중심
코니카미놀타 (일본)	1873년(코니카) 1928년(미놀타)	카메라, 필름 등 사진 관련 기기 → 정보기기 및 전자부품 집중

이들 기업의 변신전략은 한마디로 선상투하 후 환골탈태라고 할 수 있다. 현금화할 수 있는 것은 모두 다 내놓고 과거 유산을 활용해 새로운 사업영역으로 이전하는 전략이다.

먼저 기존의 모체사업도 과감히 포기해야 할 정도로 절박한 상황이다. 그래도 해당 기업들은 모두 긴 역사를 이어오며 과거의 변신 성공 경험과 변신에 필요한 기초역량은 남아 있다. 따라서 회사의 아이콘과 같은 대표사업이더라도 경쟁력 약화, 기술 수명주기 종언 등으로 입지를 상실한 경우 과감하게 정리하여 변신에 필요한 힘을 확보하는 게 급선무이다.

다음으로 과거 유산의 활용도를 극대화할 수 있는 사업영역을 발굴해야 한다. 긍정적 유산을 최대한 활용하고 경쟁우위를 도모할 수 있는 사업영역에 진출하기 위해 고객층을 바꾸는 것도 감수한다. 기존에 쌓아온 역량을 활용할 수 있으면서도 경쟁사들이 존재하지 않거나 아직 미약하여 과도한 경쟁을 회피할 수 있는 사업을 찾는다. 동종 및 이종업계의 기업과 제휴 및 통합을 시도하여 핵심역량을 강화하고 비용구조를 개선한다는 점이 특징이다. 과거의 영광에 미련을 두지 않고 과감하게 포기할 부문과 계승·발전시킬 부문을 구분하여 재도약의 발판을 마련하고자 한다.

그러나 이러한 전략을 구사하더라도 뒤늦은 사업변신에 성공한 사례를 찾기란 쉽지 않다. 완전히 원점에서 새 출발하여 성공한 경우가 가끔 있으나 일반적인 성공전략으로 정리하기에는 그 수가 너무 적다. 오히려 과거 영화에 안주하여 변신의 타이밍을 놓치면 몰락의 길로 빠질 수밖에 없다는 사실을 이들 기업은 반증하고 있다.

01

이스트먼코닥

20세기 산업 아이콘, 21세기에 지다

시류에 떠밀리다 좌초한 거함

2012년 벽두부터 미국산업계는 떠들썩한 뉴스와 마주했다. 과거 사진의 명가이자 131년의 역사를 자랑하던 이스트먼코닥(이하 코닥)이 1월 19일 뉴욕 맨해튼의 파산법원에 파산보호신청을 한 것이다. 동시에 뉴욕증권거래소NYSE에서도 상장 폐지되어 코닥의 주식은 장외에서 고작 36센트에 거래되는 신세로 전락해버렸다. 미국산업계의 거목들이 오르는 다우존스 산업평균지수DJIA 구성기업에 1930년부터 2003년까지 자리를 지킨 영광을 떠올리면 초라하기 그지없는 모습이었다. 그러나 코닥은 이미 지난 몇 년 동안 생존의 벼랑 끝에 몰려 매우 힘겨운 구조조정을 해왔기에 그리 놀랄 일도 아니었다. 변신에 실패한 많은 기업들이 그랬듯 서서히 병세가 악화되어 산소호흡기로 연명하던 중환자가 최후를 맞은 모습이었다.

코닥의 이러한 몰락은 많은 이들에게 격세지감을 느끼게 하기에 충분하다. 그도 그럴 것이 코닥은 그야말로 20세기 미국산업을 대표하는 아이콘이었기 때문이다. 1990년대까지만 해도 평범한 사람들의 삶 속에서 노란 바탕에 빨갛게 새겨진 코닥의 로고는 매우 친숙한 존재였다. 일상을 담아내는 사진의 대부분이 코닥 필름으로 찍혔으며, 가까운 코닥 현상소에서 현상되고 코닥 인화지에 인화되어 우리의 앨범을 장식했다. 코닥 필름은 구석진 조그만 상점에서도 쉽게 구할 수 있었고, 코닥 현상소는 변두리 작은 동네에서도 어렵지 않게 발견할 수 있었다.

그만큼 너무나 익숙하게만 느껴졌던 코닥의 존재는 21세기 디지털 사진의 시대가 열리면서 순식간에 자취를 감추었다. 사라진 필름, 현상소의 운명처럼 이제는 주변에서 코닥 제품을 찾아보기도 어려워졌다. 앞으로는 코닥의 존재를 아느냐, 모르느냐로 세대를 구분할 수도 있을 것이다.

그렇다면 20세기 내내 번성하던 코닥은 도대체 왜 이처럼 몰락의 길을 걷게 된 것일까? 단순히 사진의 패러다임이 아날로그(은염사진)에서 디지털로 바뀌었다는 것만으로는 설명이 곤란하다. 단적으로 대표적인 경쟁사였던 일본의 후지필름은 디지털 시대로 넘어와서도 여전히 건재하며, 2011년 실적 또한 매출 2조 1,953억 엔, 영업이익은 1,129억 엔의 흑자를 기록했다.[27] 2011년 코닥이 매출 60억 달러에 영업이익은 7억 6,000만 달러의 적자를 기록한 것과 극명히 대조된다. 전통적인 아날로그 사진에 깊은 뿌리를 두고 있는 이들 두 기업의 운명을 갈라놓은 것은 디지털 사진 시대에 적응하기 위한 변신의 성패라고 말할 수밖에 없다. 그 실패 원인을 이해하기 위해서는 코닥의 역사를 좀 더 자세히 들여다볼 필요가 있다.

혁신의 창업가, 조지 이스트먼

코닥은 1880년 조지 이스트먼George Eastman에 의해 창립되었다. 창업주 이스트먼의 성공신화는 여느 아메리칸드림의 줄거리와 크게 다르지 않다. 그는 불과 8살 때 아버지를 여의었으며, 16살 때에는 누나마저 소아마비로 세상을 떠났다. 이로 인한 생활고로 학교도 제대로 다니지 못한 채 어렸을 때부터 허드렛일을 해야만 했다. 하지만 그는 어려운 가정형편에도 불구하고 열정을 갖고 항상 새로운 기회를 엿보고 있었다. 특히 주목한 분야가 바로 사진기술이었다.

---

27 회계연도 기준(2011년 3월~2012년 2월)이며, 지주회사인 후지필름홀딩스(주)의 연결 기준 실적이다.

당시의 사진기술은 아직 혁신의 여지가 많이 남아 있었다. 그때까지는 주로 커다란 사진기에 감광유제가 발린 유리판을 한 장씩 장착하여 사진을 찍는 게 보통이었다. 사진기와 관련 장비를 담은 상자는 오늘날의 전자레인지 정도의 크기와 무게였고, 여기에 또 커다란 삼각대를 갖고 가야 했다. 또한 매번 사진을 찍으려면 유리판에 유제를 새로 바르고 갈아 끼우는 번거로움이 있었다. 이스트먼은 그 불편함을 몸소 체험한 뒤에 낮에는 은행에서 일하고 밤에는 집 부엌에서 신기술을 실험하는 수고를 반복했다.

이러한 노력 끝에 그는 1880년 젤라틴에 감광제를 첨가해 미리 유리판에 발라놓은 이른바 건판dry plate을 발명하고, 이를 제조·판매하는 이스트먼코닥을 설립했다. 여기에 만족하지 않고 뒤이어 주목한 아이디어가 바로 카트리지에 말려 담긴 롤필름이었다. 이 기술은 미국의 데이비드 휴스턴이라는 발명가가 개발하여 1881년 특허를 취득한 것인데, 이스트먼은 여기서 큰 가능성을 엿보고 기술 사용허가를 받아 더욱 발전시켰다.

그는 무거운 유리판 대신 종이에 젤라틴 유제를 발라 롤필름을 만드는 기술을 개발해냈으며, 이를 장착한 필름 카메라의 특허를 1888년 취득한다. 같은 해 출시한 코닥의 첫 필름 카메라에는 100장짜리 롤필름이 장착되어 있었다. 이 제품 덕분에 비로소 일반인도 쉽게 카메라를 휴대하고 여러

장의 사진을 연이어 찍을 수 있게 되었다. 사진의 대중화 시대가 열린 것이다. 당시의 통념을 깨는 이 혁신제품으로 코닥은 상업적으로도 대성공을 거두었다.

당시 이스트먼이 자사의 필름 카메라를 광고하며 내세운 유명한 슬로건이 "버튼만 누르시면 나머지는 저희가 해드리 겠습니다You press the button, We do the rest"였다. 복잡한 기술을 몰라도 사진 찍는 기쁨을 누릴 수 있다는 획기적인 고객 중심 의 편의성을 상징적으로 역설하는 말이었다.

이어 1900년에는 브라우니 카메라를 단돈 1달러에 출시 했다. 이전까지 중상류층 이상이나 접할 수 있었던 카메라 를 파격적인 가격에 내놓아 진정한 대중의 소비재로 만든 것이다. 여기에는 당시 경쟁사들을 압도한 전략이 숨어 있 었다. 카메라는 내구재라 한번 사면 오래 쓰지만, 필름은 소모품이므로 계속 사서 쓸 수밖에 없다. 코닥은 카메라를 저가로 공급해 저변을 확대시키고, 여기서 지속적으로 수 요가 발생하는 필름, 인화지, 약품 시장을 장악해 돈을 번 다는 전략을 구사했다. 그리고 이 전략을 성공시키기 위해 많은 판매점, 현상소 등과 긴밀한 관계를 구축했으며, 소비 자들은 자연스레 저렴한 코닥 카메라와 함께 구입과 현상, 인화가 편리한 코닥 필름을 사용하는 것을 선호하게 되었 다. 이처럼 코닥의 성공은 저렴하면서도 편의성을 높여 소 비자 중심의 가치를 극대화한 결과였다.

이후에도 코닥은 끊임없는 기술개발로 사진의 혁신을 주도해왔다. 특히 흑백필름의 시대에서 컬러필름의 시대로 전환을 선도한 것도 코닥이었다. 컬러필름은 이미 20세기 초부터 프랑스, 독일 등에서 소량으로 생산·보급되고 있었다. 그러나 초기에는 너무 비싸고 처리가 어려워 대중화가 이루어지지 못했다. 코닥은 1935년 '코다크롬Kodachrome' 시리즈 컬러필름을 내놓으면서 점차 이런 한계를 극복했다. 1921년부터 1963년까지 40여 년 동안 1억 2,000만 달러의 연구개발비를 쏟아붓는 노력 끝에 코닥의 컬러필름은 전 세계 영화관과 가정에서 널리 쓰이게 되었다.

1980년대 초까지 이러한 코닥의 아성은 너무나도 견고해 보였다. 코닥은 1962년 매출 10억 달러를 돌파한 이래, 1960~1970년대에도 성장을 지속하여 20년 만인 1981년에는 매출 100억 달러를 돌파했다. 1970년대 후반 미국시장에서 코닥은 필름시장의 90%, 카메라시장의 85%를 점유할 만큼 절대적인 강자로 군림했다.

절대지위를 위협한 새로운 경쟁자, 후지필름

코닥의 기세가 절정이던 1980년대 들어 위기의 징조는 조금씩 나타나기 시작했다. 주력 필름시장에 전에 없던 강력한 경쟁자, 후지필름이 부상한 것이다. 후지필름은 1934년 설립 이래 다양한 사진 재료를 생산해온 업체로, 1965년부터 미국시장을 엿보기 시작했다. 다른 일본업체들과 마찬가지로 처음 미국시장에 침투한 원동력은 가격경쟁력이었다. 소비자가 선택하는 필름은 인지도와 충성도가 중요했기 때문에 코닥의 아성이 건재했지만, 현상소에서 사용하는 인화지와 화학약품 등은 수익성을 높일 수 있는 후지필름의 저렴한 호환제품이 서서히 먹혀들기 시작했다.

1980년대 들어 후지필름은 일본시장에서의 강력한 입지를 바탕으로 본격적인 글로벌화에 시동을 걸었다. 1981년 그 신호탄으로 LA 올림픽 공식 스폰서 자리를 따냈고, 이를 계기로 미국 소비자들에게 인지도를 크게 높이는 데 성공했다. 1984년에 열린 올림픽을 전후해 미국 필름시장에서 후지필름의 시장점유율은 10%를 돌파해 계속 상승했고, 10년 뒤인 1993년에는 20% 벽도 돌파했다.

후지필름의 선전은 단순히 하나의 경쟁업체 부상만을 의미하는 것이 아니었다. 이미 미국시장에서는 자동차, 가전제품, 카메라 등 각종 일본 제품들에 대한 평판이 매우 높아지고 있었다. 미국 소비자들이 필름마저 일본 등 외국 제품이 꽤나 쓸 만하다는 사실을 알게 되면서 코닥에 대한 고객의 충성심은 크게 약화되었다.

디지털카메라의 출현과 기술환경의 근본적 변화

사진을 필름 없이 전자 센서로 촬영하고 이를 디지털 정보의

형태로 메모리에 저장한다는 개념은 이미 1960년대부터 연구가 시작됐다. 그러나 그 가능성이 현실화된 것은 1981년 소니가 '마비카Mavica'란 이름의 전자 카메라를 내놓으면서부터이다. 이 카메라는 엄밀히 따지면 디지털카메라가 아니라 아날로그 TV 신호 형식으로 저장하는 소형 비디오카메라에 가까웠다. 그러나 이 카메라로 찍은 영상은 TV로도 보고 종이에 인쇄할 수도 있었다. 코닥이 주력으로 내세우는 필름과 영사기, 인화지 등이 없어도 사진을 즐길 수 있는 방법이 등장한 것이다.

코닥도 이 근본적인 위협을 도외시한 것은 아니었다. 코닥의 경영진도 마비카의 등장에 주시하며 이를 엄청난 도전으로 인식했다. 1983년 CEO에 선임된 콜비 챈들러Colby H. Chandler는 비디오와 전자사진 부문을 강화하기로 하고 이를 전담할 팀을 구성했다.

코닥은 사실 디지털 시대에 대비할 나름의 역량을 충분히 갖추고 있었다. 1975년 코닥의 엔지니어 스티븐 사슨Steven J. Sasson은 CCDCharge Coupled Device[28]를 활용한 전자 카메라 개발에 성공했다. 3.6kg이나 나가는 이 카메라는 페어차일드 사의 CCD 센서를 이용해 23초 동안 노출시켜 1만 화소짜리 사진을 찍는 원리였다. 이것이 사상 최초의 진짜 '디지털' 카

---

28 전하결합소자. 빛을 전하로 변환시켜 화상을 얻어내는 센서이다.

메라였다. 코닥은 디지털카메라를 발명하고 이에 대한 연구를 지속해온 기업이었던 것이다.

그러한 역량을 바탕으로 1984년에는 TDK 및 마쓰시타와 연합하여 8mm '코다비전Kodavision' 비디오 시스템을 발표했다. 그리고 비디오 관련 기술을 보유한 기업들을 인수하여 디지털 시대에 걸맞은 기술 축적에도 시동을 걸었다. 코닥은 이미 전통 필름산업에서 우수한 화학, 광학 분야의 기술을 갖고 있었으니, 전자 부문의 역량만 보충한다면 디지털 시대에도 충분히 선도기업의 지위를 유지할 수 있으리라 자신했다.

1980년대 중반까지 이러한 전략은 순항하는 듯 보였다. 1986년 코닥은 세계 최초로 전자 이미지 전용의 140만 화소짜리 센서를 개발했으며, 1987년에는 전자사진 사업부를 발족시키고 본격적으로 신제품 개발에 뛰어들었다.

디지털 시대 필름을 노린 포토CD 사업의 패착

챈들러의 뒤를 이어 1990년 CEO로 취임한 케이 위트모어Kay Whitmore는 디지털 시대의 주역으로 '포토CD'를 내세웠다. 이는 기존 필름으로 찍은 아날로그 사진을 스캐닝하여 디지털화해 CD에 저장하는 새로운 규격이었다. 이 포토CD는 전용 플레이어를 이용해 가정용 TV나 PC로 감상하고 인화지에 출력할 수도 있었다. 일반 소비자용부터 프로 사진가

용까지 다양한 품질의 라인업도 제공되었다.

　포토CD 사업은 필름 사업에 강한 기반을 갖고 있던 코닥 입장에서는 절묘한 선택이었다. 당시까지는 디지털카메라로 찍은 사진의 화질이 필름 화질에 비해 한참 뒤처지던 때였다. 반면 PC 등 가정용 정보기기들은 이미 대대적으로 보급되고 있었으므로 우수한 필름 사진을 디지털화하여 이용할 수 있는 매체와 서비스가 긴요했다. 코닥은 CD 규격뿐 아니라 스캐너와 이미지 처리장비 등을 출시하고 이를 기존 현상소 네트워크에 배치했다. 이로써 소비자는 촬영한 필름을 현상소에 맡길 때 인화하지 않고 스캔해서 포토CD에 담아달라고 하면 커다란 추가비용 없이 디지털 사진을 즐길 수 있었다. 결국 포토CD는 아날로그 필름 부문의 매출도 유지하면서 새로운 디지털 시장도 장악해가는 일거양득의 노림수였다. 포토CD가 디지털 사진 기본 포맷으로 정착된다면, 설령 미래에 디지털카메라가 대세가 된다고 해도 코닥의 입지는 확고할 것이 분명해 보였다.

　그러나 디지털 시대에는 기술 그 자체는 물론, 더욱 유연하고 기민한 경쟁자들이 빠르게 움직였다. 우선 소비자들은 코닥의 의도대로 포토CD 플레이어를 비디오 플레이어처럼 따로 장만할 필요성을 느끼지 못했다. VCR은 수많은 영화 콘텐츠를 대여점에서 저렴하게 빌려볼 수 있는 부가적인 큰 편익이 있었지만, 가정에서 추억을 즐기는 용도만으로 포토CD를 사기는 부담이 되는 게 사실이었다. 또한 저렴하면서도 성능이 좋은 대체규격이 거의 동시에 시장에 출현했다. 오늘날까지 널리 쓰이는 JPEG 이미지 압축 기술은 포토CD 이미지에 비해 화질은 큰 차이가 없으면서도 파일을 훨씬 작게 만들 수 있었다. 장비 면에서도 니콘, 미놀타 등 일본기업들이 합리적인 가격의 우수한 스캐너들을 출시해서 포토CD를 무력화했다. 이로 인해 포토CD 현상소의 스캐닝 서비스를 이용하지 않아도 고품질 디지털 사진으로 변환하는 것이 얼마든지 가능해졌다. 우수한 대체기술이 한층 저렴한 가격에 쏟아지는 상황에서 포토CD는 무참히 실패로 돌아갔다. 더욱 암담한 사실은 포토CD의 실패가 이어진 패착의 시작에 불과했다는 점이다.

변신의 기로에서 주저한 디지털카메라 사업

디지털카메라 분야에서 코닥은 조심스럽지만 결코 늦지는 않은 발걸음을 보였다. 1990년대 디지털 사진의 여명기에 코닥은 당시 최고 수준의 이미지 센서들을 보유하고 있었고, 중요한 실험작들을 출시했다. 1991년 전개한 코닥 DCS_{Digital Camera System} 라인업은 일본 니콘, 캐논 등의 고급 SLR 카메라에 디지털 촬영 시스템을 부착한 제품들이었다. 1991년 니콘의 F3에 130만 화소짜리 센서를 붙인 DCS 100을 필두로, 1990년대 내내 코닥은 수만 달러짜리 고가의 DCS 카메라들을 차례로 내놓으며 세간의 화제를 모았다.

그러나 이런 전문가급의 작은 시장이 아닌, 일반 소비자 대상의 보급형 디지털카메라 시장이 언제 얼마나 성장할 것인지에 대해서는 이견이 분분했다. 특히 코닥 입장에서 시장 예측이 어려웠던 점은 당시 디지털 사진기술이 일본 전자업체와 일본 내수시장을 중심으로 돌아갔기 때문이다. 일본에서는 이미 디지털 사진의 가능성을 본 여러 업체들이 기술을 축적하면서 서서히 제품을 내놓고 있었다.

필름 분야의 호적수 후지필름은 이 분야에서도 발 빠르게 움직이며 1993년 플래시메모리를 기록수단으로 쓴 최초의 디지털카메라 DS-200F를 출시했다. 이어 1995년 카시오는 당시로서는 파격적으로 저렴한 가격인 6만 5,000엔에 7만 6,800화소(320×240) 디지털카메라 QV-10을 발표하여 히트상품 반열에 올렸다. 그러나 첨단 전자제품에 열광하는 일본시장을 제외하면 디지털카메라의 존재감은 거의 느껴지지 않았고, 기껏해야 수십만 화소에 불과하던 화질은 약 600만 화소와 맞먹는 필름 카메라에 아직 비할 바가 못 되었다. 상황이 이렇다 보니 중장기 시장 전망도 중구난방이었다.

코닥 내부에서도 이에 대한 의견대립이 심각했다. 디지털 사진기술이 곧 전통적인 필름을 완전히 대체할 것이라는 극단적인 (그러나 정확했던) 주장도 있었다. 그러나 기득권을 지닌 필름 사업부 등 다수의 주장은 좀 더 낙관적이었다. 디지털카메라 시장이 성장하고 중요한 부분을 차지할 것이라는 전망은 공통적이었으나, 그래도 최고의 품질을 요구하는 부문에서는 여전히 필름이 21세기에도 꿋꿋이 자리를 지키리라는 예상이었다. 다시 말해 디지털 사진은 완만히 성장하며, 아날로그 사진과 디지털 사진은 상당 기간 공존할 것이라는 전망이 주류였다.

코닥은 이러한 불확실성 아래서 보급형 디지털카메라를 하나의 미래 옵션 정도로 끌고 가는 데 만족했다. 디지털카메라 사업에서 신제품을 내놓기는 했지만 전사적 역량을 기울인 명작을 만드는 수준에는 한참 미치지 못했다. 그 결과 1990년대 중반의 중요한 시기에 코닥은 겨우 구색을 맞출 만한 범작들을 내놓는 데 그쳤다. 1996년 출시한 DC20은 20만 화소, 포켓카메라 수준의 작은 크기에 299달러라는 저렴한 가격으로 주목을 받았으나, 같은 시기에 쏟아져 나온 일본 제품들을 압도할 매력 포인트는 없었다.

이처럼 저렴한 가격에 그럭저럭 쓰기는 좋으나 고객을 확 잡아끌 만한 핵심요소가 없다는 사실은 코닥 디지털카메라의 치명적인 약점으로 작용했다. 그래서 미국 디지털카메라 시장은 일찌감치 소니의 독무대에 가까웠다. 1990년대 후반 소니는 50%를 넘는 압도적인 점유율로 수위를 차지했다. 코닥은 1999년 미국 디지털카메라 시장에서 점유율 27%로

: 그림 27 : 코닥의 매출 변화

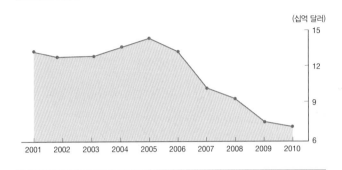

(십억 달러)

자료 : Magnet! The Tech Blog ⟨http://www.magnetelblog.com⟩.

: 그림 28 : 디지털카메라 판매 대수

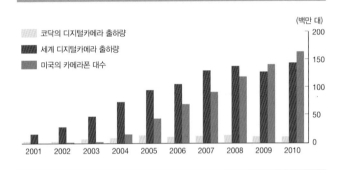

(백만 대)

코닥의 디지털카메라 출하량
세계 디지털카메라 출하량
미국의 카메라폰 대수

자료 : 코닥, PMA, IDC.

2위를 기록했으나, 이는 일시적인 허상에 불과했다. 일본기
업들은 1990년대 후반부터 저가에서 고가까지 다양한 라인
업을 구축하고 디자인, 기술 양면에서 모두 우수한 제품으

로 미국시장을 공략하기 시작했다. 당장 2000년부터 올림 푸스가 점유율 2위를 차지하고 계속 시장을 밀어붙였으며, 2000년대 초반부터 카메라의 양대산맥인 니콘과 캐논이 가세하면서 결정적으로 시장주도권은 일본기업들에 넘어갔다. 이러한 대대적인 파상공세 와중에 코닥의 디지털카메라는 전혀 힘을 쓰지 못했다. 전자 분야에서 압도적인 경쟁력을 가진 일본기업들과 디지털카메라로 정면승부를 하기에 코닥의 역량 집결은 미흡했다.

수평형 서비스 사업모델로의 전환 시도

1990년대 후반을 이끈 조지 피셔 CEO는 코닥이 각종 사진 기술은 풍부하나 디지털카메라라는 특정 전자 완제품 영역에서 승부를 걸 만한 역량이 부족하다는 사실을 절감하고 있었다. 따라서 이러한 약점을 상쇄하기 위해 아예 경쟁의 장을 옮겨버리는 새로운 구상을 했다. 피셔 등이 주목한 것은 디지털 사진 시대에 열린 폭넓은 유통구조였다. 아날로그 사진 시대에 이미지를 얻기 위해서는 '필름 구입 → 촬영 → 현상 → 인화'의 비교적 직선적인 단계를 밟을 수밖에 없었고, 모두가 필름을 주요 매개체로 하고 있기 때문에 모든 단계에 코닥이 개입할 수 있었다. 그러나 디지털 시대의 사진은 필름에 얽매일 필요가 없으므로 일단 이미지가 디지털 파일로 만들어지는 순간부터 너무나 다양한 활용이 가능했다. PC에 저장해서 보는 것으로 그칠 수도 있고, 이를 인터넷 앨범에 올리거나 인터넷으로 출력소에 보내 전통적인 사진을 얻을 수도 있었다.

코닥은 바로 이러한 디지털 이미지 활용 플랫폼 기업을 구상하고 있었다. 디지털카메라로 사진을 찍는 순간부터 손쉽게 이 파일을 자신의 PC나 인터넷 저장소로 옮기고, 프린터나 전문 사진 출력 서비스와 간단히 연동시킬 수 있는 플랫폼을 장악하고자 했던 것이다. 이를 위해서는 우선 외부 아웃소싱과 파트너십을 통해 다양한 역량을 수혈할 필요가 있었다. 피셔는 코닥의 브랜드 파워를 매개로 다양한 전자기업들과 제휴해 이러한 사업변신 구상을 진척시켰다. 그 핵심은 과거 아날로그 사진 시대에 필름-인화지-화학약품의 세 축으로 영위해오던 것을, 디지털 사진 시대에는 캡처(카메라)-서비스(온라인 사진처리)-출력(디지털 현상소, 프린터, 잉크)의 세 축으로 가져간다는 것이다.

2000년 CEO 직을 승계한 대니얼 카프Daniel A. Carp는 이를 더욱 구체화했다. 그는 1997년부터 최고 운영 책임자COO를 맡아오면서 코닥이 디지털 시대에 더 이상 뒤처져서는 곤란하다는 확신을 갖고 있던 터였다. 우선 디지털 사진과 전통적인 필름 사진 부문 사이의 갈등을 완화하기 위해 이들을 하나의 사업부로 통합했다. 그리고 디지털 사진 부문에서는 '이지쉐어EasyShare'라는 브랜드로 통합 솔루션을 제공하는 전략을 추진했다.

이지쉐어는 꽤 참신한 아이디어가 담긴 구상이었다. 일단 코닥의 이지쉐어 디지털카메라들은 상호 호환되는 전용 독dock이 있었고, 이를 통해 촬영한 사진들은 직접 코닥의 포토 프린터로 출력하거나 온라인 코닥 갤러리에 저장할 수 있었다. 2005년 CES에서 공개된 코닥의 이지쉐어 원 디지털카메라는 와이파이Wi-Fi를 이용하여 촬영한 사진을 e메일로 전송할 수 있는 세계 최초의 카메라이기도 했다. 그리고 PC에 설치된 이지쉐어 소프트웨어로 쉽게 사진을 관리·변경하고 온라인으로 사진 인화를 주문할 수도 있었다. 이처럼 오늘날에는 자연스럽게 보편화된 통합 환경이 이미 코닥에 의해 실험적으로 구현되었던 셈이다.

이러한 발전된 개념으로의 사업변신 시도가 아주 성과가 없지는 않았다. 무엇보다 이 무렵 코닥이 쌓아올린 지적자산이 상당했다. 코닥이 파산보호를 신청한 오늘날 애플, 삼성전자 등 세계 유수 IT기업들로부터 거둬들이고 있는 특허사용료 중 상당 부분은 바로 이러한 디지털 사진 관리에 관한 기술사용료인 것만 봐도 그렇다. 2012년 1월 18일 삼성전자를 상대로 두 번째로 제기한 특허소송[29]에서 문제 삼는

---

29 첫 번째 소송에서 삼성전자는 5억 5,000만 달러의 기술사용료를 지불하는 데 합의하고 사건을 마무리 지었다.

특허가 '디지털 이미지를 캡처한 후 이를 e메일로 전송하는' 기술일 정도로 그 촉수는 매우 촘촘하다. 이러한 특허사용료로 최근 3년간 거둬들인 돈만 19억 달러에 달할 정도이다.

하지만 코닥은 이러한 비즈니스모델에서도 한계에 부딪혔다. 코닥의 서비스는 개념은 훌륭했으나 다양한 경쟁자들이 존재하는 상황에서 소비자를 잡아끌 만한 핵심유인을 발휘하지 못했다. 보다 많은 사용자들이 코닥의 이지쉐어 플랫폼을 이용하며 다른 사용자들을 끌어들이는 네트워크 효과가 발휘되어야 했으나, 어느 한 분야에서도 확실한 히트작이 나오지 않는 상황에서 이지쉐어 플랫폼의 매력은 크게 떨어질 수밖에 없었다. 나날이 축소되어가는 필름 시장과 경쟁자에게 뒤처지는 디지털카메라 시장에서의 실적 부진을 서비스 사업으로 만회하기는 매우 어려웠다.

그 와중에도 코닥의 경영자들은 비현실적인 낙관을 거두지 않았다. 2005년 CEO가 된 안토니오 페레스Antonio Perez는 애플이 아이팟으로 디지털 음원 유통 시장에서 대성공을 거두는 가운데 다음과 같이 공언하기도 했다.

> 애플이 음악에서 하는 것처럼 코닥은 사진에서 해내게 만들 것이다. (중략) 미래의 소비자들은 코닥의 카메라로 사진을 찍고, 코닥의 메모리 카드에 저장하여 코닥의 프린터로 출력하며, 코닥 디지털 매점kiosk에서 편집할 것이다.[30]

변신의 몸부림, 선상투하

2000년대 초 야심차게 추진된 코닥의 변신 노력은 2005년을 기점으로 점차 실패가 명백해졌다. 신사업에서는 기대만큼 수익이 나오지 않았고, 캐시카우인 아날로그 사진 시장의 위축은 예상보다 빠르게 진행되었다. 2005년 코닥의 재무실적은 적자로 반전하여 총 13억 7,000만 달러의 적자를 기록했다. 더욱 나쁜 점은 2005년을 정점으로 매출까지 하락세로 접어들었다는 것이다. 이로 인해 2005년 코닥은 브라질에서 유지하던 흑백인화지 생산도 중단해버렸고, 수익성이 떨어지는 사업부문에 대한 구조조정에 착수했다. 서비스기업으로 전환을 추진했던 대니얼 카프도 물러났으며, 2005년부터 안토니오 페레스가 CEO 및 이사회 의장직을 맡게 되었다.

페레스는 이후 선상투하식 구조조정을 이어갔다. 코닥이 중요시한 미래 신사업 가운데 하나인 헬스케어를 담당했던 사업부 헬스그룹Health Group도 2007년 1월, 23억 5천만 달러에 매각해버렸다. 또한 스스로 제품화할 능력은 없지만 가치 있는 여러 기술의 적극적인 매각과 라이선싱을 통한 수입 확보에 골몰했다. 그러나 계속된 실적 부진을 만회할 돌파구는 나오지 않았다. 이와 동시에 미국을 덮친 서

---

30 "Mistakes made on the road to innovation" (2006. 11. 27). *BusinessWeek*.

브프라임 모기지 사태와 뒤이은 글로벌 금융위기로 소비시장이 위축되자 실적은 계속 곤두박질쳤다. 주가도 2007년 20~30달러 선을 유지하던 것이 2008년 말이 되자 10달러 이하로 폭락해버렸다.

2009년 들어 코닥은 기업의 아이콘과도 같았던 대표상품 코다크롬의 생산 중지를 발표했다. 1935년 발매 이래 무려 74년 동안이나 화려한 발색으로 사진가들을 매료시켰던 세계 최장수 컬러 슬라이드 필름의 생산 중지 결정은 코닥의 시대가 막을 내렸음을 보여주는 상징으로 충분했다. 이어 12월에는 OLED 사업부마저 LG전자에 매각했다. 차세대 디스플레이 기술로 각광받는 OLED도 코닥이 1987년 세계 최초로 디바이스화하며 주요 원천기술을 갖고 있던 분야였다. 코닥이 자랑하는 미래 원천기술도 이제는 바닥이 드러나고 있음을 보여주는 사례였다. 이 여파로 코닥은 2010년 12월 스탠더드앤드푸어스에 의해 S&P500 지수 구성종목에서마저 제외되는 굴욕을 겪었다.

코닥은 이제 화려했던 영광을 뒤로하고 디지털 사진 인쇄를 주력으로 디지털 이미징과 관련된 몇몇 틈새시장에서 겨우 재기를 노리고 있다. 이미 2012년 1월 파산보호신청 이후 상반기 중에 디지털카메라 사업에서도 완전 철수하기로 발표했다. 경쟁력이 떨어지는 상품은 완전히 포기하고 그나마 호평을 받고 있는 일반 가정용 및 상업용 잉크젯 프린터 분야 등에 극단적인 선택과 집중을 하겠다는 이야기이다. 코닥의 이러한 선상투하를 통한 각고의 변신 노력은 아직도 갈 길이 먼 현재진행형인 셈이다.

코닥의 변신은 과연 어떻게 귀결될 것인가? 20세기를 주름잡던 대표기업의 위용은 잃더라도 작은 시장에서나마 존속하여 재기를 노려볼지, 아니면 그나마도 건지지 못한 채 완전히 공중분해가 될지는 정확히 알 수 없다. 그러나 분명한 것은 통념과 달리 코닥도 변신의 필요성을 인지하고 다양한 노력을 기울였지만 이제껏 실패를 거듭해왔다는 사실이다. 이는 기업의 변신이 말과는 달리 얼마나 어렵고 지난한 과정인지를 역설해주는 좋은 사례라 할 수 있다. 그 결과가 어찌되었건, 앞으로도 코닥의 사례는 기업이 변신을 시도하는 과정에서 범할 수 있는 숱한 실책에 대한 반면교사로서 두고두고 회자될 것이다.

이스트먼코닥은 1880년 조지 이스트먼이 창립한 카메라, 필름, 인화지 등 사진 재료 생산회사였다. 사진을 촬영, 현상, 인화하는 모든 단계에서 롤필름을 중심으로 한 혁신적인 프로세스를 확립하고 비용을 크게 낮추어 사진의 대중화에 결정적인 공헌을 했다. 이로 인해 이스트먼코닥은 20세기 내내 미국을 상징하는 대표 제조기업으로 명성을 떨쳤다. 1980년대 전성기를 누린 이래 2000년대 초반까지만 해도 매출 약 140억 달러, 종업원 10만 명을 상회했다.

: 그림 29 : 경영실적

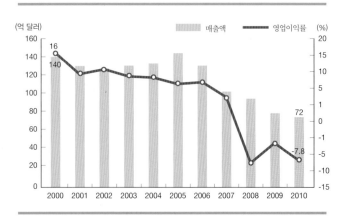

자료 : Thomson One Banker DB를 활용하여 작성.

그러나 디지털 사진으로의 전환기에 변신에 성공하지 못하고 기존의 아날로그 사진 시장이 급속도로 위축되면서 사세가 급격히 약화되었다. 급기야 2011년에는 매출 60억 달러에 7억 6,000만 달러의 순손실을 기록했으며, 종업원도 1만 7,000여 명에 불과한 정도가 되었다. 또한 자구 노력에도 불구하고 67억 5,000만 달러에 이르는 막대한 부채를 감당하지 못해 2012년 1월 19일 파산보호신청을 했으며, 현재 디지털 사진 프린터 등을 중심으로 힘겨운 재기 노력을 기울이고 있다.

∷ 그림 30 ∷ 사업구조 변화

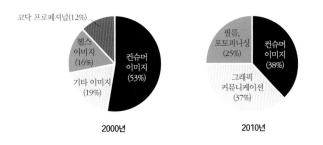

자료 : Thomson One Banker DB를 활용하여 작성.

02

코니카미놀타
본업을 버린 권토중래 기업

어제의 적이 오늘의 동지

2003년 당시 일본 정보기기 분야의 강자는 캐논, 후지제록스, 리코Ricoh의 3강 체제였다. 여기에 도전장을 내민 것이 코니카와 미놀타의 합병회사 코니카미놀타Konica Minolta였다. 당시 선두주자였던 캐논, 리코 등도 일본 국내는 물론, 미국과 유럽에서 시장점유율 30%를 넘기 힘든 상황이었다. 여기에 코니카와 미놀타가 합병을 하면 유럽 시장에서 고속 사진기와 컬러 레이저 프린터 등 정보기기 분야에서만 10~20%의 점유율을 확보할 수 있다는 전망이 이들의 만남을 이끌어냈다. 물론 둘의 만남이 처음부터 순조롭지는 않았다.

2003년 통합에 앞서 양사는 정보기기 분야에서 제휴관계를 맺고 있었다. 그러나 개발과 투자력 부족으로 제휴 효과는 미미했고, 합병을 피할 수 없다는 것이 당시 경영층의 판단이었다. 이렇게 매출액 5,000억 엔 이상의 두 기업이 합병함으로써 캐논, 후지제록스, 리코를 잇는 1조 엔 규모의 기업이 탄생하게 되었다.

양사의 강점을 최대화하며 위기를 벗어날 수 있는 방법은 정보기기 분야에서의 경쟁력 강화로 좁혀졌다. 토너 레이저 빔의 고속 처리기술 등에서의 경쟁력으로 고가의 고속 디지

코니카 CEO가 말하는 합병 배경

경영통합에 관하여 이야기가 시작된 것은 2000년 4월 중합법 토너의 개발 · 생산을 위한 제휴 전후이다. 당시 양사는 중복을 없애면서 관련 기술의 개발 속도를 높일 계획이었으나, 양사 기술자들의 의견대립만 지속될 뿐 결론에 도달하지 못한 채 긴장감만 높아지고 있었다. 당시 한 기업에서 가능한 개발과 투자에는 한계가 있음을 깨달았다. 여기에 가치가 있으면 회사의 이름과 역사에 관계없이 허심탄회하게 의논하자는 의견이 제시되었다. 양사의 사업통합 진행은 분야에 따라 조금씩 다르나 전면통합 시기를 2003년까지로 설정하게 되었다.

미국식 경영통합을 선택한 것은 장기적으로 일본기업들도 경영의 투명화를 필요로 하는 것이 자연스러운 흐름이기 때문이다. 이후 기업통합에 관해서 우리들이 여러 가지 평가의 도마에 오르내릴 것이므로 좋은 결과를 내고 싶다.

자료 : "コニカ · ミノルタ勝ち残りへ4枚の青写真" (2003. 1. 27). 《日經ビジネス》.

구분	코니카미놀타	캐논	후지필름
주요 사업의 매출 비중	정보기기 55%	정보기기 77%	정보기기 38%
	필름, 카메라 25%	카메라 16%	필름, 카메라 34%
	디바이스 20%	광학기기 8%	디바이스 29%
해외매출 비중	70%	75%	38%
자기자본비율	25%	55%	59%
ROE	12%	12%	4%
과거 3년 수익증가	1.8%	3.6%	3.8%

자료 : "コニカ・ミノルタ勝ち残りへ4枚の青写真" (2003. 1. 27), 《日經ビジネス》.

털 복합기 사업에 집중해온 코니카와, 저가의 복사기나 프린터에 집중해온 미놀타가 결합함으로써 정보기기 분야에서 최대의 시너지를 창출할 수 있기를 희망했다. 2003년 당시 코니카의 사무기기 분야는 매출의 75%를 차지하고 있을 정도였다. 그러나 정보기기 분야의 3대 기업인 캐논, 후지제록스, 리코가 일본시장의 80%를 잠식하고 있었다. 그래서 이들이 선택한 답안은 해외시장에 주력하는 것이었다.

본업을 버리다

2006년 1월 코니카미놀타는 카메라, 디지털카메라, 필름 등 사진 관련 사업에서 완전히 철수하기로 결정했다. 과거 필름 소비를 촉진해주는 보완적 관계에 있던 캐논, 니콘 등의 카메라 업체들이 디지털카메라 시장에 뛰어들면서 수익성 악화를 가져왔다. 비록 카메라와 필름 사업 분야에서 합병 후 꾸준히 매출이 증가하고 있었으나, 매년 60억~90억 엔의 적자를 내고 있던 터라 사업을 더 이상 잡고만 있을 수는 없었던 것이다. 합병 후 2년 연속 적자를 기록하고 있었기 때문에 구조조정은 불가피한 상황이었다. 하지만 창업사업을 포기하기란 쉽지 않았다. 100년 이상의 역사를 지닌 사업을 포기하면서 희생 또한 만만치 않음을 알고 있었다. 그러나 사업 철수를 결정하자 구조조정은 급물살을 탔다. 2003년 3월 3,700명의 희망퇴직자를 모집하면서 사업 철수에 따른 구조조정 비용도 1,000억 엔대에 육박했다. 뼈를 깎는 구조조정과 함께 역사가 묻어 있는 코니카와 미놀타의 카메라 사업은 소니에 인수되었다.

2006년 카메라와 사진 관련 사업에서 철수하면서 코니카미놀타의 재생 노력은 본격적인 사업재편으로 이어졌다. 2010년 사업구성을 살펴보면, 합병 당시인 2004년에 비해 정보기기 분야가 매출액 비중 면에서 크게 성장했다(〈그림 32〉 참조). 본업인 사진, 카메라 사업을 버리고 정보기기 사업에 집중한 것이다.

유망사업 중 최고가 될 수 있는 사업공략

본업을 버리면서까지 그들이 추구하고자 했던 첫 번째 성장

전략은 장래 유망한 사업 중에서도 최고가 될 수 있는 사업 분야를 엄선하고 경영자원을 집중 투입해 업계 최고가 되는 것이었다.

유기발광다이오드$_{OLED}$[31]는 코니카미놀타가 차세대 수익원으로 생각하고 있는 전략제품 중 하나이다. OLED의 얇고 가벼우면서도 휘어지는 특성을 활용하면 집이나 자동차의 천장과 벽면을 조명으로도 사용할 수 있다. OLED는 사용범위가 광범위하기 때문에 평면 TV나 휴대용 전화기의 디스플레이에도 사용될 것으로 보고 사업성을 검토했다.

사실 사내에서 전략방향을 두고 조명이냐, 디스플레이냐에 대한 논의가 있었다. 세계적인 제조업체들이 OLED 디스플레이 사업에 뛰어들고 있는 상황에서 치열한 경쟁이 예상되자 코니카미놀타는 2006년 세계 최고의 발광 효율을 자랑하는 OLED 디바이스 개발에 성공했다는 점을 고려하여 조명사업을 선택한다. 방향을 확정한 후 빠른 시장진입을 위해 미국 GE, 독일 지멘스 등과 협력하여 기술개발과 생산체제를 구축해나가고 있다.

뿐만 아니라 유기 태양전지 사업에도 미국기업 코나카

---

31 유기발광다이오드(Organic Light Emitting Diodes) : LED(발광다이오드)가 점광點光인 반면, OLED는 면광面光으로 전류가 흐르면 빛을 내는 전계발광 현상을 이용해 스스로 빛을 내는 자체발광형 유기물질이다. 낮은 전압에서도 빛을 낼 수 있고, 얇은 박막형으로 가공할 수 있다는 것이 큰 장점이다.

konarka에 출자하여 공동으로 개발에 참여하는 등, 광학사업을 가전산업에만 의존하지 않고 건축, 자동차, 환경 에너지 분야 등으로 확대하여 위험을 분산시키려 노력하고 있다.

적극적으로 타사와 협력해 약점 보완

합병 후 코니카미놀타가 선택한 두 번째 성장전략은 타사와의 적극적인 협력을 통한 성장이다. 자사가 비교우위를 가지고 있지 않고 경영자원도 부족한 분야에서는 경쟁력을 보유한 기업들과 적극적으로 협력해 수익을 창출한다는 것이다. 2006년 CEO 오타 요시카쓰太田義勝의 말이다.

> 제휴를 자사 기술의 유출이라며 부정적으로 볼 것만은 아니다. 파트너의 장점을 최대한 활용해 열매를 수확하는 것을 우선으로 생각하지 않으면 글로벌 경쟁에서 살아남을 수 없다.[32]

2007년 3월 코니카미놀타는 GE와 OLED 조명사업 부문에서 제휴를 맺었다. 이후 2010년까지 상업화를 목표로 양사의 개발책임자들이 협력하여 사업을 추진해왔다.

정식 제휴관계는 아니지만 소니와도 밀접한 관계를 맺고

---

32 "創業事業捨て高収益体質実現"ジャンルトップ戦略"の凄み"(2008.10.18.). 《ダイアモンド》. pp. 136-140.

차세대 DVD인 블루레이 디스크용 광픽업렌즈와 액정 TV에 사용되는 편광판용 보호필름을 소니에 제공하고 있다. 글로벌 경제위기 이후 소니와는 단순한 부품 공급 관계를 넘어 개발자들이 정기적인 모임으로 기술교류를 가지며 양사의 지식을 공유하고 있다. 이렇듯 코니카미놀타는 효율적인 경영자원 확보를 위해 국내외 유수기업들과 기술교류의 문을 열어놓고 성장동력 마련에 집중하고 있다.

합병의 시너지 효과

코니카와 미놀타가 합병한 후, 2006년 카메라, 필름 사업에서 철수하는 등 구조조정을 하고 정보사업에 집중한 합병의 효과가 조금씩 나타났다. 코니카의 장점이었던 플라스틱 렌즈 설계기술과, 미놀타가 자랑하던 유리 렌즈 설계기술이 합쳐지면서 새롭게 개발된 차세대 DVD 블루레이 디스크용 광 픽업렌즈와 액정 TV 편광판용 보호필름, 유리 하드디스크 기판 등 3가지 주력상품이 디지털 시장의 성장과 함께 높은 성과를 거두었다. 2006년 3월 결산에서 영업이익률이 두 자릿수로 올라섰으며, 실적도 급속히 회복되었다.

핵심사업이자 주력사업인 정보기기 사업은 광디바이스 관련 사업의 높은 수익에 힘입어 영업이익이 합병 초기인 2004년 3월 결산기 6.5%에서 2008년 3월 결산기에는 11.2%까지 비약적으로 개선되었다. 재무적인 측면뿐 아니라 어려운 상황에서 추진된 구조조정도 양사의 협력을 통해 성공적으로 이루어지면서 더욱 결속력이 높아졌다.

2등 기업에서 1등 기업으로

코니카미놀타의 2011년 주요 사업실적을 살펴보면 점유율 1위를 차지하는 제품은 찾아보기 힘들다. 주력사업인 정보기기 분야의 상업 인쇄기에서 세계 시장점유율 40% 정도로 2위, 액정 TV용 TAC_{TriAcetylCellulose} 필름이 30%로 2위, 그리고 복합기는 A3형 컬러제품에서 20%로 2위이다. 이처럼 코니카미놀타의 사업은 화려하기보다는 실리를 추구하는 2등 기업 전략이었다. 무리하게 가격경쟁을 하지 않고, 성장을 전망하여 채산을 확보할 수 있는 분야에서 확실하게 수익을 확보하는 것이다.

이러한 코니카미놀타가 최근 조금씩 모습을 바꿔가고 있다. 2011년 5월 발표한 중기 경영계획에서 성장을 위한 규모의 확대를 추구하겠다는 마쓰자키 마사토시松崎正年 CEO의 선언이 바로 그것이다. 코니카미놀타의 중기 계획 주요 목표를 살펴보면 다음과 같다.

① 복합기 컬러 분야에서 점유율 1위 달성

② 상업 인쇄기 분야에서도 생산시설을 확충하여 1위 달성

③ 2013년 매출액 1조 엔, 영업이익률 8% 달성

이러한 목표가 단순한 목표가 아님이 여러 곳에서 나타나고 있다. 2011년 4월 코니카미놀타는 세계적 자동차 기업인 독일의 BMW로부터 사무기기 운영업무를 위탁받았다. 이 사업은 지금까지 코니카미놀타의 사업안건 중 최대 규모이다. BMW의 독일 본사와 유럽 공장 등에 합계 6,800만 대의 복합기를 새로 도입하는 것으로 총 30억 엔의 매출이 예상된다.

이러한 사무기기의 운영, 위탁사업을 통해 서비스 분야 강화를 모색하고 있는 코니카미놀타는 신중기 계획에서는 정보기기의 컬러 장르 1위 전략을 내걸고 잘하는 분야의 제품을 확대하여 신흥국 공략을 과속화한다는 방침이다. 코니카미놀타가 규모의 확대를 내세웠지만 이는 시장점유율을 대폭 확대하겠다는 의미는 아니다. 여기에서 말하는 규모란 '이익의 규모'이다.

역사적인 기업 합병을 결단하고 창업사업을 포기하면서까지 추구하려 했던 것은 변신을 통한 경쟁력 강화였다. 변화에 성공하며 수익성을 창출하던 시점, 전 세계적인 경제 위기에 휩쓸려 어려운 시기를 보냈다. 그리고 다시 강력한 성장전략으로 변신을 모색하고 있는 코니카미놀타의 진가는 지금부터 지켜볼 일이다.

마쓰자키 CEO가 말하는 서비스 사업 강화 이유

신흥국에서는 컬러기는 물론 흑백가전도 성장하고 있다. 그러나 주요 선진국에서는 복합기 등 사무기기 시장은 축소되고 있다. 판매 대수, 금액 모두 높은 성장률을 전망할 수 없다. 고객기업이 인쇄 관련 비용을 꼼꼼히 따지기 시작했기 때문이다.

확대되지 않은 파이를 가격경쟁을 통해 쟁탈하려고 하면 수익성이 좋았던 사무기기 사업도 사업성이 악화될 수밖에 없다. 그래서 신중기 계획에서는 정보기기의 '컬러 장르 1위' 전략을 내걸었다. 잘하는 분야에 대한 제품 확충을 바탕으로 프로덕션 프린터(상업용 인쇄기)에 중간 가격대 제품을 투입하거나 신흥국 공략을 과속화한다. 또한 고객의 니즈가 바뀌고 있는데도 지금처럼 기업 내부의 판단에 의존해 비즈니스를 전개하면 가격경쟁력에 휩쓸려버린다. 그래서 서비스 사업을 강화하고, 지금까지 대응하지 않았던 글로벌 기업에 대해서도 적극적으로 접근한다. 이러한 서비스 사업에서 제록스가 앞섰다고 생각하지는 않는다. 경쟁사와 코니카미놀타가 제공하는 서비스는 다르기 때문이다.

앞으로 컬러 기기 분야에서 확실한 제품을 공급할 것이다. 복합기 개발을 게을리하는 일은 없다. 이에 입각한 서비스와 솔루션 사업이 중요하기 때문이다. 그러한 의미에서 인터페이스의 오픈화 등 시대에 맞는 시스템과 소프트웨어 개발을 추진해야 한다. 주문 제작을 촉진하고, 그 다음에 이익과 캐시를 획득해나갈 것이다.

자료 : 梅咲惠司 (2011. 7. 23). "規模を狙うコニカミノルタ, 大胆な「戦略転換」の眞意". 《東洋經濟》. p. 108.

코니카미놀타는 1873년 도쿄의 작은 상점에서 사진 재료 등을 취급하며 시작한 코니카와 1928년 일독日獨 사진기상점으로 시작한 미놀타가 2003년 합병하면서 탄생한 기업이다. 사진 관련 사업을 100년 이상 지속해온 역사적인 기업 코니카와 카메라 분야에서 많은 족적을 남긴 미놀타는 합병 후 창업사업을 버리고 새로운 모습으로 태어났

∴ **그림 31** ∴ **경영실적**

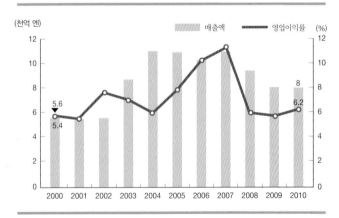

자료 : Thomson One Banker DB를 활용하여 작성.

다. 2011년 3월 결산 매출 8,045억 엔, 종업원 수 3만 5,000명으로, 35개국에 자회사를 두고 글로벌 사업을 확장해가고 있다.

정보기기 분야의 핵심사업을 특화시키고 구조조정을 통해 2006년 사진과 카메라 사업에서 완전 철수하면서 정보기기, 광학, 메디컬 분야에서 시장점유율을 높여가고 있다.

: 그림 32 : 사업구조 변화 : 사업부별 매출 비중과 매출액(억 엔)

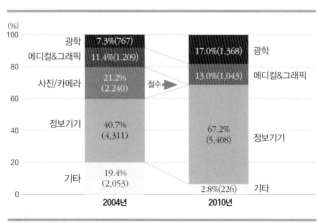

자료 : Thomson One Banker DB와 연차보고서를 활용하여 작성.

한국기업에
바란다

변신, 지금 바로 실행하라

지금까지 우리는 기업변신의 변주곡을 들어보았다. 기업이 영속적으로 성장하기 위해서는 끊임없이 새로운 에너지를 공급받아야 한다. 그러나 많은 기업들이 한때의 성공에 안주하며 변신에 소홀하다가 몰락하고 말았다. 어떤 기업은 변신에 성공하며 부활의 대명사로 인구에 회자되다가도 한순간에 급전직하하고 만다. 노키아가 대표적인 사례이다. 2012년 4월 국제신용평가사인 피치는 노키아의 신용등급을 투자적격등급 중 가장 낮은 'BBB-'에서 투자부적격등급인 'BB+', 즉 정크본드 수준으로 강등하고 말았다. 세계 휴대폰 시장의 지존으로 군림하며 핀란드 경제를 이끌어가던 노키아가 불과 수년 만에 이렇게 되리라고는 아무도 생각하지 못했을 것이다. 더욱이 변신의 화신으로 늘 인용되던 노키아가 아니었던가!

1990년대 초 노키아는 무리한 사업 확장 등으로 최악의 경영난에 몰렸으나, 당시 최첨단인 이동통신 사업에 집중하면서 성공적인 변신을 이루었다. 2000년에는 사상 최대 실적을 거두며 정점에 섰는데, 그 후 2000년대 중반까지 실적이 급락하며 다시 흔들리는 모습을 보였다. 시장과 기술의 변화에 정확히 대응하지 못했기 때문인데 이때 지금의 위기를 예고했다고 볼 수 있다. 그러나 노키아는 표준 플랫폼 활용, 탁월한 공급망 관리 등에 기반한 업계 최고의 원가경쟁력으로 40%에 육박하는 세계 시장점유율을 달성함으로써 다시 한 번 명성을 높이게 된다. 이것이 더 큰 실패의 징

: 그림 33 : **노키아 주가 추이(2000~2012년)**

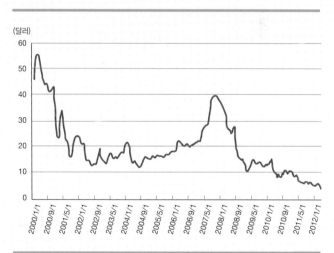

자료 : Thomson Reuters, T1 DB, NYSE(뉴욕증권거래소) 기준.

조라는 것을 누가 알았을까. 한때 60달러에 달하던 주가는
2012년 5월 현재 2달러대까지 추락하고 말았으며, 이제 아
무도 노키아의 영화를 얘기하지 않는다.

드라마 같은 굴곡을 겪은 사례로 일본의 게임기업체 닌텐
도를 빼놓을 수 없다. 1889년 화투 제조업체로 출발하여 게
임보이, 슈퍼마리오, 슈퍼NES 등을 내놓으며 게임기업체로
화려하게 부활했던 경험을 갖고 있었는데, 2000년대 들어
다시 부진했다가 2004년 12월 출시한 게임기 DSDual Screen가
공전의 히트를 쳤다. 그리고 '위Wii'가 연이어 히트하면서 세
계시장을 제패했다. 그러나 애플의 스마트폰이 게임시장의
판도를 바꾸었음에도 불구하고 닌텐도는 기존 DS를 안경

: 그림 34 : 닌텐도 주가 추이(2000∼2012년)

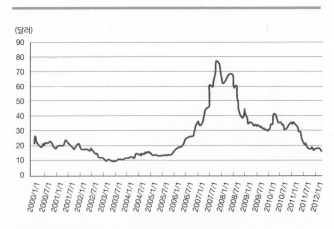

자료 : Thomson Reuters, T1 DB, NYSE(뉴욕증권거래소) 기준.

없는 3D로 '혼자만의 혁신'을 하며 게임기를 고집한 결과, 시장에서 외면받고 말았다.

　기업이 얼마나 1등을 지속하기 어려운지는 2000년대 초 베스트셀러가 되며 위대한 기업 신드롬을 일으켰던 짐 콜린스Jim Collins의《좋은 기업을 넘어 위대한 기업으로》를 보면 알 수 있다. 당시 저자는 11개 기업을 선정하며 이들 기업이 단순히 좋은 기업을 넘어 영속하는 성장의 비법을 체화한 위대한 기업이라고 치켜세웠다. 그러나 10년이 지난 지금 와서 보면 이 중 대다수가 이미 몰락했거나 쇠퇴한 상태이다. 누구의 잘못인지 따지지 않더라도 정상을 유지한다는 게 얼마나 어려운 것인지 알 수 있다.

　기업은 끊임없이 변화하는 환경에서, 특히 지금처럼 사업의 패러다임 자체가 크게 변하는 시기에는 그 변화에 적응하는 노력이 절실하다. 변신에 성공하기 위해서는 기업이 처한 상황에 따라 차별적인 전략을 구사할 필요가 있는데, 이때 투자와 매각의 조화가 중요하다. 현실적으로 기업의 변신은 내부역량이 약화되고 외부충격이 온 후에야 추진되는 경향이 있지만, 잘나갈 때 미리미리 변신해야 지속적인 성장을 보장받는다는 사실을 직시해야 한다. 사업변신을 잘하는 기업은 기존 사업의 정리에도 능숙하며, 특히 실패를 용인하는 기업문화를 가지고 있다.

　한국기업은 계속되는 세계경제 위기에도 불구하고 글로벌

: 표 13 : 짐 콜린스가 선정한 '위대한 기업'의 시가총액 추이

(단위 : 백만 달러)

기업	2000년 말	2007년 말	2011년 말
애벗	74,866	86,767	87,595
서킷시티	2009년 시스템맥스에 매각		
패니마이	2008년 서브프라임 위기 후 몰락		
질레트	2005년 P&G에 매각		
킴벌리클라크	38,042	29,339	28,990
크로거	22,151	18,043	13,921
뉴커	3,220	17,051	12,532
필립모리스	97,835	159,196	136,318
피트니보즈	8,456	8,250	3,701
월그린즈	42,230	37,752	28,878
웰스파고	95,485	99,540	145,038

주 : 필립모리스는 2008년 알트리아 그룹으로부터 분사한 관계로 2000년과 2007년은 알트리아의
    시가총액임.
자료 : Thomson Reuters, T1 DB.

무대의 전면에서 오히려 발군의 투혼을 발휘하며 선방하고
있다. 이 여세를 몰아 21세기형 사업 패러다임의 선두주자
가 되기 위해서는 그에 걸맞은 사업변신이 요구된다. 그러
면 어떤 사업으로 변신해야 하는가? 그 답은 기업의 역량과
처한 상황에 따라 다를 것이지만, 글로벌 100대 기업의 변
천을 통해 힌트를 얻을 수 있다.

　2000년, 2007년, 그리고 2011년 글로벌 100대 기업(시가

총액 기준, 금융업 제외)의 면면을 보면 다음과 같은 변화가 있다. 먼저 2007년 100대 기업을 보면 2000년 100대 기업에서 절반이 넘는 51개사가 교체됐는데 이 중 23개사가 자원기업이었다. 2011년에는 불과 4년이 경과되었음에도 25개사가 교체되었다. 2008년 글로벌 금융위기의 영향이 컸다고 볼 수 있는데, 교체기업 중 헬스케어 기업이 4개사로 눈길을 끈다.

이런 결과로 볼 때, 에너지와 생명 관련 업종이 새로운 패러다임의 중심에 있다고 봐야 할 것이다. 그런데 한국기업은 자원과 같이 호흡이 긴 사업에 특히 취약한 실정이다. 세계 최고의 IT 기술로 급부상했지만, IT는 경쟁이 매우 치열하고 제품 사이클이 짧은 특징을 가지고 있어 경쟁우위를 지속하기가 매우 어렵다. 따라서 IT 부문의 경쟁우위를 바이오 등 신사업에 접목하거나 자원사업과 같이 진입장벽이 높고 장기적인 사업에 적용하여 성공 확률을 높이는 것도 고려해볼 수 있다.

여러 가지 상황을 검토하여 일단 변신이 필요하다고 판단되면 차별화된 변신전략을 수립해 즉시 실행해야 할 것이다. 그 과정에서 핵심사업이라 해도 새로운 전략방향에 맞지 않으면 과감히 정리할 수 있어야 한다. 이러한 과정이 제대로 추진되기 위해서는 변신 시스템을 구축하고 변화가 일상화된 기업문화를 조성하는 것이 선결과제이다.

┊ 그림 35 ┊ 기업변신의 성공방정식

결론	제언

변신은 평소에 하는 게 좋다
– 소 잃고 외양간 고치지 마라

투자와 매각의 균형이 중요하다
– 잘나가는 사업도 버릴 수 있다

차별화된 전략을 구사한다
– 내부역량과 외부충격의 강약

변신체질은 따로 있다
– 개방 · 다양한 기업문화, 실패 용인

변신의 타이밍과 속도
• 변신 필요성 판단
• 처지에 따라 차별적 전략

핵심사업도 버려라
• 투자 · 매각의 역동성 발휘
• 버리는 것이 변신의 출발

변화가 일상화된 체질
• 변신 시스템 구축
• 기업문화를 유연하게 조성

자료 : 삼성경제연구소.

01

먼저 버리지 않으면
버림받는다

사업변신에서 가장 중요한 것은 '버리기'이다. 기존 사업 정리와 신사업 투자가 조화를 이루어야 수익성 있는 성장을 지속할 수 있으며, 나아가 건강한 기업생태계를 조성할 수 있다. 이때 사양기에 들어선 사업을 정리하는 것뿐 아니라 '잘나가는' 사업도 자사의 비전과 맞지 않으면 버린다는 자세가 중요하다. 외환위기 이후 2000년대 초까지의 구조조정은 살기 위한 변신이었다. 그러나 이제 새로운 성장을 위한 변신으로서 '버림'을 실천할 시점이다.

잘나가는 사업을 왜 버려야 하는지 의문을 가질 수 있다. 일단 돈을 많이 벌고 있는데 그걸 왜 놓는가. 이는 시차에 의한 착시현상으로 설명할 수 있다. 기업경영의 결과인 실적으로 사람들은 그 기업이나 사업의 성패를 판단한다. 그 실적은 경쟁력을 결정하는 요인들이 투입된 후 몇 년이 지나서야 나타나는 현상이다. 즉 실적이 정점에 섰을 때 이를 지탱하는 요인들은 이미 한풀 꺾여서 하락세로 들어가기 십상이다. 그러므로 실적이 좋을 때 비싼 값으로 정리해서 새로운 사업에 투자해야 리듬을 잘 타게 된다. '정점에서 바꿔 타기'가 힘도 가장 덜 들고 효과성도 극대화하는 방법이다.

잘나가는 사업을 버리는 것은 결코 쉬운 일이 아니다. 기존 사업의 기득권에 막혀 저항에 부딪히고, 확실하지도 않은 신사업에 회사의 운명을 걸 수도 없을 것이다. 그래서 앞에서 본 1사분면(유수불부형) 기업들은 신사업을 추진하는 시스템을 구축하고 있다. 기존 사업부에 신사업을 하라고 요구하는 것이 아니라 전사 차원의 신사업 추진 부서를 별도로 운영하는 것이다. 기존 사업부는 사업성과의 일부를 보험금 개념으로 갹출하여 신사업 부문을 지원한다. 그래서 신사업이 어느 정도 가시화되면 기존 부문을 버리고 신사업에 몰두한다.

사실 한국기업은 '버림'에 어느 정도 익숙해진 측면이 있다. 그러나 우리는 혹독한 구조조정의 경험 때문에 매각을 축소 지향의 구조조정(다운사이징)으로 곡해하는 경향이 있다. 실제로 자산매각률 상위 20% 기업의 영업이익률이 2000년 8.1%에서 2010년 6.6%로 하락한 것은 사업매각이

자산매각률 상위 한국기업과 글로벌 기업의 경영성과

(단위 : %)

구분		연평균 성장률	영업이익률		자산매각률
			2000년	2010년	
한국 (200대)	상위 20%	7.8	8.1	6.6	30.8
	전체	8.2	8.5	7.2	7.3
글로벌 (2,000대)	상위 20%	7.9	9.4	10.2	58.6
	전체	7.6	10.0	11.0	11.8

주 : 자산매각률 = 11년간 자산매각 총액(2000~2010년)/총자산(1999년).
자료 : 삼성경제연구소.

주로 다운사이징 수단이었음을 시사한다. 그러나 글로벌 기업들은 사업매각을 신사업 투자와 조화시키며 이를 통해 높은 성과를 창출하고 있음을 교훈으로 삼아야 한다.[33]

최근 내로라하는 글로벌 기업들이 앞다투어 변신에 총력을 기울이는 상황에서 한국기업들도 성장을 위한 에너지 축적을 위해 경쟁력이 없거나 새로운 성장구도에 맞지 않는 사업을 버리는 작업을 과감히 실천해야 할 것이다. 그리고 사업변신을 추진해야 한다. 이를 위해서는 자사가 이 책에서 소개한 변신 매트릭스상의 어느 위치에 있는지 경영환경 전망과 경쟁력 분석을 통해 진단하는 것이 선행과제

---

33 브루스 앤더슨 IBM 전자 총괄사장은 "IBM 100년 비결은 정체성을 버리고 주종목을 바꾼 것"이라고 언급했다["IBM 100년 비결은 정체성 버리고 주종목 바꾼 것" (2011. 6. 21). 《중앙일보》].

이다. 그 과정에서 과거의 성공방정식이 미래의 장애요인으로 변해가는 활동적 타성Active Inertia[34]을 인식함으로써 변화의 동인으로 활용할 필요가 있다. 변신은 외부충격이 오기 전에 하는 것이 최선인데, 그러려면 위기의식을 전사 차원에서 공유해야 한다.

사실 시간이 없다. 글로벌 기업들은 이미 치열한 글로벌 경영자원 확보경쟁에 돌입하고 있어 변신을 위한 시간이 촉박한 게 현실이다. 이들은 변신의 당위성을 검토하는 차원을 넘어 신사업 분야에 진입하여 경영자원을 선점하는 등 이미 미래의 철옹성을 쌓고 있는 실정이다. 따라서 한국기업은 시간을 지체할수록 운신의 폭이 점차 축소되어 향후 더 큰 대가를 치를 수 있음을 인식하고 한시라도 빨리 변신을 실행해야 한다. 사실 자사의 주력사업에 직접적인 위협이 없다 하더라도 경쟁사의 변신 노력 자체가 곧 큰 위협으로 전환될 수 있는 상황이다. 노키아가 순식간에 정상에서 밀려난 것은, 전혀 경쟁자로 인식하지 않았던 애플이 스마트폰을 내놓은 게 시발점이 되었다는 사실을 상기할 필요가 있다.

---

34 Sull, Donald Norman (2003). *Revival of the Fittest : Why Good Companies Go Bad and How Great Managers Remake Them.* Harvard Business School Press.

02

M&A는
변신의 필수장비다

글로벌 기업은 신사업 관련 경영자원을 선점하기 위해 M&A를 일상적으로 구사하고 있다. 특히 글로벌 IT기업들은 막대한 현금을 기반으로 M&A 기회를 노리고 있다. 《일본경제신문》에 따르면 2011년 말 현재 애플, MS 등 미국 대표 IT기업 7개사의 현금성 자산 규모는 약 2,938억 달러에 달한다. 게다가 그동안 M&A에 신중한 태도를 견지해왔던 일본기업들도 기술, 인력, 네트워크를 빠르게 확보하기 위해 글로벌 M&A를 활용하고 있다. 중국기업도 미래 신사업 분야로의 변신을 꾀하면서 M&A를 공격적으로 전개하고 있어 한국은 선진기업과 신흥기업의 협공을 받는 형국이다.

이러한 실정에서 한국기업은 M&A에서 최근 부쩍 활발

한 모습을 보이고 있다. 불과 2005년만 해도 한국기업의 외국기업 순 M&A 매수 규모는 1억 9,000만 달러에 불과했으나, 2010년에는 세계 10위 수준인 99억 달러로 51배가 되었다.[35] 한국기업은 그간 M&A에 소극적이었던 인식을 공격적인 방향으로 전환하고 있다. 그동안 글로벌화 과정에서 확보한 역량을 바탕으로 M&A를 다양성과 개방성을 추구하기 위한 전략수단으로 보고 있는 것이다.

사실 한국기업이 글로벌 M&A에 소극적이었던 것은 자력주의와 같이 개방적이지 못한 기업문화 탓도 있지만, 글로벌 기업의 무대가 주로 서구라는 점이 주요인이었다. 우리와 완전히 다른 문화적 배경을 갖고 있는 서구기업을 인수해도 조직문화를 화학적으로 융합하기 어려운 것이다. 그러나 이제 글로벌 경제 판도가 서구에서 신흥국으로 빠르게 이동하고 있다. 이는 글로벌 M&A에서 국내기업의 문화적 불리함이 완화되고 있다는 것을 의미한다. 더욱이 한국기업의 역량과 위상이 크게 높아졌으므로 이제는 M&A를 적극적으로 추진해도 될 여건이 된 것이다.

다만 M&A는 변신의 유력한 수단이지 목적이 아니기 때문에 M&A 실적 자체를 목적으로 삼는 우를 범하진 말아야

---

35 UNCTAD (2011). "World Investment Report 2011" 참조. 순 M&A 매수 규모란 한국기업의 외국기업 매수 금액에서 외국기업의 한국기업 매수 규모를 뺀 수치를 말한다.

한다. M&A는 성사되기도 어렵지만, 이루어진 다음에도 조직통합 등에서 돌발변수가 생기게 마련이므로 최대한 신중하고 치밀하게 추진해야 한다. 양날의 칼이 될 수 있는 가능성을 항상 염두에 두어야 한다.

일본과 중국의 글로벌 M&A

• 일본기업은 최근 신성장 분야를 중심으로 해외기업 M&A를 적극 추진 중

  − 2011년 1~5월 250건, 2조 7,000억 엔으로 역대 최고
  − 특히 도시바, 아사히그룹 등 26개 기업은 의료·에너지, 환경 등 신성장 분야를 중심으로 신흥국 시장 확대를 위해 해외 M&A 용도로 5조 엔의 실탄 준비

자료 : Thomson Reuters; "M&A攻勢へ5兆円, 東芝·旭化成など26社, 新興國や環境震災後も活潑" (2011. 7. 6), 《日本經濟新聞》.

• 중국기업의 해외기업 M&A도 신성장산업 중심으로 폭발적 증가

  − 골드윈드(풍력) : 2008년 독일의 풍력 터빈 제조기업 벤시스의 지분 70%를 4,124만 유로에 인수해 단숨에 세계적인 풍력기업으로 부상
  − 마이루이(바이오) : 2008년 2억 달러를 투자, 5년간 협력관계에 있던 미국 데이터스코프의 생명정보사업을 인수하여 기술과 유통망 확보

자료 : 언론보도 종합.

03

'변신 시스템'을
장착하자

변신을 가장 잘하는 기업은 신사업 포착, 혁신 수행, 리스크 관리 등을 수행하는 변신 시스템을 내장하고 있다. 한국기업들도 변신 시스템을 가지고 사업변신을 자연스럽게 추진해가야 하는데, 이를 위해서는 다음과 같은 점이 중요하다.

먼저 변신과정에서 수반되는 실패의 경험을 변신력 제고의 원천으로 삼을 수 있도록 '실패의 자산화'를 이루어야 한다. 변신에 성공한 기업은 실패를 회피하는 대신 이를 변신의 토양으로 삼는다. 특히 경영진이 나서서 실패 경험을 통한 변신의 중요성을 임직원에게 주지하고 상기시키는 것이 필요하다. 2011년 시가총액에서 노키아를 추월한 대만의 HTC는 '실패목표율'을 도입하여 "개발한 제품 중 95%의 실패를 감수한다"고 천명하고 있다.

다음으로 변신 기회를 감지 · 선택 · 배양 · 확산할 수 있는 역량을 조직 내에 축적해야 한다. 전통적인 산학 공동연구 등을 통해 기술발전이나 라이프스타일의 트렌드 변화를 기업 내 · 외부에서 지속적으로 모니터링해야 한다. 이를 위해서 CEO를 보좌해 시대의 흐름을 읽고 새로운 사업기회를 제시할 수 있는 전담조직을 설치하는 것도 필요하다. 예를 들어 IBM은 신사업 발굴과 사업화를 전담하는 EBOEmerging

: 표 15 : 변신단계별 추진과제

단계	변신의 주요 과제
모색기	• 환경변화의 감지 • 내부 편향의 좁은 시야 탈피 • 상식을 뛰어넘는 변신 아이디어 도출 • 교육훈련 부서/외부 자문위원회 등 설치
선택기	• 조직 내부의 관성과 반발 억제 • 변신 아이디어의 조기 사장 방지 • 기존 핵심사업의 존속 압력 차단 • 사내 창업기금 등 재원 확보
배양기	• 신사업 초기 불확실성의 정교한 관리 • 최고경영진 차원의 자원 배분 배려 • 기존 조직에서 완전히 분리된 사업 단위
확산기	• 사내 연관 부서의 적극 지원 유도 • 신사업 확장에 필요한 단계적 역량 확대 • 새로운 외부 파트너와의 제휴관계 정립 • 신사업에 부응하는 전사 가치사슬 재정렬

자료 : 스콧 앤서니 외 (2011), 《파괴적 혁신 실행 매뉴얼》 (이성호, 김길선 옮김). 옥당.

Business Opportunities를 가동하고 있다. 여기서 중요한 점은 개방성을 반드시 갖춰야 한다는 것이다. 기업 내부의 효율성을 확보하는 것뿐 아니라 '연결'의 시너지를 극대화하는 것이 디지털 시대의 플랫폼 경쟁에서 이기는 길이다. P&G가 2000년부터 '연결과 개발Connect & Development' 활동을 통해 조직 외부의 참신한 시각을 수혈하는 데 성공했듯이, 최근 부각되는 개방형 혁신 트렌드에 부응하여 새로운 사업 아이템의 아이디어를 발굴하는 것이 매우 중요하다.

이러한 점들을 참고하여 변신 프로세스를 '모색기 → 선택기 → 배양기 → 확산기'로 나누어 각 주요 과제를 도출하고 이를 전담하는 조직을 둘 필요가 있다.

04

다양성 속에
한마음으로 변신하자

사업변신의 성패는 결국 실질적인 실행력의 차이로 귀결된다. 한국기업들도 차세대 수종사업 발굴과 사업변신을 시도하고 있지만, 의사결정 지연이나 리스크 부담 등으로 인해 '시도'로 그치는 경우가 많다. 코닥은 과거 1970년대 세계 최초로 디지털카메라를 발명하고 디지털 기술 확대에 대비하고 있었으나, 디지털 기술과 자사 필름 사업의 충돌을 염려하여 변신에 소극적으로 대처하는 바람에 때를 놓치고 말았다.[36] 따라서 조직 전체에 위기의식을 공유함으로써 실제적

---

36 1994년 이스트먼코닥의 조지 피셔 CEO는 《뉴욕타임스》와의 인터뷰에서 "코닥은 디지털 트렌드를 이해하고 있지만, 디지털 사진은 적이자 지난 수십 년 동안 코닥을 먹여 살린 필름과 인화지 사업을 죽이는 사악한 힘"이라고 말했다.

인 위기가 닥치기 전에도 변신을 모색하고 추진할 수 있는 심리적 기반을 갖추는 것이 중요하다.

끝으로 강조하고 싶은 것은 변신도 결국 조직원 개개인이 움직여야만 가능하다는 사실이다. 따라서 일사불란한 동질적 문화를 강조하는 정책에서 벗어나 조직 다양성 관리에 노력을 기울여야 한다. 이때 동질적 조직문화에 익숙하던 조직원들이 갈등으로 인해 불편과 혼란을 겪을 우려가 있으므로 기업의 집단 창의성을 자극하여 변신력을 높여야 한다.

> 적응력은 변화무쌍한 세계에서 승리하기 위한 필수요건이다. 적응력을 키우려면 시스템도 다양해져야 한다. 생각, 기술, 태도, 역량의 다양성이 클수록 적응력도 커진다.[37]
>
> **게리 해멀**

글로벌 기업들은 조직 구성원의 다양성이 시너지를 발휘하여 조직의 변신력을 높일 수 있도록 다양성을 전략적으로 활용하고 있다. IBM은 '이노베이션잼'이라는 전 세계적인 온라인 콘퍼런스를 개최하고 글로벌 임직원들의 참여를 바탕으로 변신에 필요한 혁신 아이디어를 수혈받고 있다.

---

37 게리 해멀 외 (2009), 《경영의 미래》 (권영설 외 옮김), 세종서적.

한국기업은 그간 무에서 유를 창조하며 숨 가쁘게 달려왔
다. 이제 좀 성장의 과실을 따 먹으며 여유를 찾고 싶지만
주변 상황은 정반대이다. 세계경제의 위기는 갈수록 고조되
고 있으며, 모든 것이 바뀔 정도로 사업 패러다임도 근본적
으로 변화하고 있다. 지금까지의 노력과 성과를 헛되지 않
게 하려면, 이 대전환기에 변신에 성공하여 위기를 기회로
만들고 글로벌 기업판도 변화의 주인공으로 우뚝 서야 할
것이다.

삼성경제연구소가 SERI 연구에세이 시리즈를 발간합니다.

SERI 연구에세이는 우리시대의 과제에 대한 지식인들의 직관과 지혜, 그리고 통찰력을 담아 한국 사회가 가야 할 방향을 밝히고 구체적인 정책대안을 제시하는 메시지입니다.